和谐校园文化建设读本

微言大义

赵 男/编写

吉林出版集团股份有限公司

吉林教育出版社

图书在版编目(CIP)数据

微言大义 / 赵男编写. — 长春：吉林教育出版社，
2012.6（2022.10重印）
（和谐校园文化建设读本）
ISBN 978-7-5383-8941-8

Ⅰ.①微… Ⅱ.①赵… Ⅲ.①古典诗歌—名句—中国
—中小学—课外读物②古典诗歌—名句—中国—中小学—
课外读物③文言文—名句—中小学—课外读物④文言文—
名句—中小学—课外读物 Ⅳ.①G634.303

中国版本图书馆 CIP 数据核字（2012）第 116124 号

微言大义
WEIYAN-DAYI　　　　　　　　　　　　　　　　　　　　　　赵　男　编写

策划编辑　刘　军　　潘宏竹
责任编辑　付晓霞　　　　　　　　　　　　　　　**装帧设计**　王洪义

出版　吉林出版集团股份有限公司（长春市福祉大路5788号　邮编 130118）
　　　　吉林教育出版社（长春市同志街 1991 号　邮编　130021）
发行　吉林教育出版社
印刷　北京一鑫印务有限责任公司

开本　710 毫米×1000 毫米　1/16　　**印张**　9　　**字数**　114千字
版次　2012 年 6 月第 1 版　　**印次**　2022年 10 月第 3 次印刷
书号　ISBN 978-7-5383-8941-8
定价　39.80元

编　委　会

主　　编：王世斌

执行主编：王保华

编委会成员：尹英俊　尹曾花　付晓霞

刘　军　刘桂琴　刘　静

张　瑜　庞　博　姜　磊

潘宏竹

（按姓氏笔画排序）

总 序

千秋基业，教育为本；源浚流畅，本固枝荣。

什么是校园文化？所谓"文化"是人类所创造的精神财富的总和，如文学、艺术、教育、科学等。而"校园文化"是人类所创造的一切精神财富在校园中的集中体现。"和谐校园文化建设"，贵在和谐，重在建设。

建设和谐的校园文化，就是要改变僵化死板的教学模式，要引导学生走出教室，走进自然，了解社会，感悟人生，逐步读懂人生、自然、社会这三本大书。

深化教育改革，加快教育发展，构建和谐校园文化，"路漫漫其修远今"，奋斗正未有穷期。和谐校园文化建设的研究课题重大，意义重要，内涵丰富，是教育工作的一个永恒主题。和谐校园文化建设的实施方向正确，重点突出，是教育思想的根本转变和教育运行机制的全面更新。

我们出版的这套《和谐校园文化建设读本》，既有理论上的阐释，又有实践中的总结；既有学科领域的有益探索，又有教学管理方面的经验提炼；既有声情并茂的童年感悟；又有惟妙惟肖的机智幽默；既有古代哲人的至理名言，又有现代大师的谆谆教诲；既有自然科学各个领域的有趣知识；又有社会科学各个方面的启迪与感悟。笔触所及，涵盖了家庭教育、学校教育和社会教育的各个侧面以及教育教学工作的各个环节，全书立意深邃，观念新异，内容翔实，切合实际。

我们深信：广大中小学师生经过不平凡的奋斗历程，必将沐浴着时代的春风，吸吮着改革的甘露，认真地总结过去，正确地审视现在，科学地规划未来，以崭新的姿态向和谐校园文化建设的更高目标迈进。

让和谐校园文化之花灿然怒放！

本书编委会

目 录

正心诚意立乾坤

《礼记》为儒家经典之一，相传西汉戴圣编纂，今本为东汉郑玄注本。其中所记录的多是战国及秦汉时期的儒家的言论，尤其关于礼制方面的内容很多。其中有些篇幅是记录孔子与其弟子们的言论以及孔门及时人的杂事的。《礼记》对后代影响很大，被列入"五经"。宋代以后，被指定为官方的教科书。用我们今天的说法，就是古人的"政治课"。其中当然有许多"封建性的糟粕"，但是也确实有许多"民主性的精华"（毛泽东语），而且，无论是糟粕还是精华，又都有一个我们如何批判吸收的问题，所以，均不可轻易下结论；均须认真研究。由于篇幅的限制，我们选几个小段作简略介绍。

大 同

昔者仲尼与于蜡宾，事毕，出游于观之上，喟然而叹。仲尼之叹，盖叹鲁也。言偃在侧曰："君子何叹？"孔子曰："大道之行也，与三代之英，丘未之逮也，而有志焉。大道之行也，天下为公。选贤与能，讲信修睦。故人不独亲其亲，不独子其子，使老有所终，壮有所用，幼有所长，矜、寡、孤、独、废疾者皆有所养，男有分，女有归。货恶其弃于地也，不必藏于己；力恶其不出于身也，不必为己。是故谋闭而不兴，盗窃乱贼而不作，故外户而不闭，是谓大同。今大道既隐，天下为家。各亲其亲，各子其子，货力为己；大人世及以为礼，城郭沟池以为固，礼义以为纪，以正君臣，以笃父子，以睦兄弟，以和夫妇，以设制度，以立田里，以贤勇知，以功为己。故谋用是作，而兵由此起。禹、汤、文、武、成王、周公，由此其选也。此六君子者，未有不谨于礼者也。以著其义，以考其信，著有过，刑仁讲让，示民有常。如有不如此者，在势者去，众以为殃，是谓小康。"

[译文] 当年，孔子参加鲁国的蜡祭，祭礼结束，出来漫步在宗庙门外的高处，长长地叹息几声。他的叹息，大约是为了鲁国罢！他的弟子言偃（即子游）在旁问道："先生为什么而叹息呢？"孔子说：

"最理想的社会确立的时候，正赶上夏、商、周三代英杰们。我是没有赶上啊！但是我心中却存有向往它的志向啊！最理想的社会制度施行的时候，天下成为公共的。选拔贤人，推举能人，讲究信义，修善和睦（的人际关系）。所以，人们不只是把自己的父母当作父母（对别人的父母也能像对自己的父母那样），也不只是把自己的孩子当作孩子（对别人的孩子也能像对自己的孩子那样），使老年人有善终之所，壮年人有可以发挥所能之处，幼儿有成长的条件，鳏夫或寡妇、孤儿或无后者、残疾或生病的人都有供养的地方，男人都有职业，女人都能出嫁有归宿。货物厌恶它丢在地上，却不一定自己藏起来；体力厌恶它不能从身上发挥出来，却不一定是为了自己。于是，阴谋诡计不再出现，盗贼叛乱也不兴起，甚至人们可以夜不闭户——这样的社会叫作大同。而今天的情况恰恰相反，理想的世道隐没了，天下成了人们的家私。人们只知道赡养自己的双亲，只知道爱抚自己的儿女，货物与体力（的收藏与运用）完全是为了一己之利；父子兄弟世袭已成为礼义，城墙与护城河成为牢固的设防，礼义与信义成为纲纪，并且用来使君臣关系正常，用来使父子关系亲笃，用来使兄弟关系和睦，用来使夫妻关系和谐，用来设置典章制度，用来确立田里规则，用来表彰勇敢与智慧的人，而功劳都是为了自己。阴谋诡计因此而生，战争由此而起。禹、汤、文、武、成王、周公由于这个而成为（被筛选出来的）杰出人物。这六位君子，没有一个是对礼仪不谨慎对待的。而且，用它来彰明正义之人，用它来考究信义之事，用它来揭露有过错的事，用'仁'字来作刑法的准则，讲究礼义谦让，指示给人民做事皆有常规。如果有不遵循此道的人，在位的人罢官，因为民众以为这是祸患——这样的社会就是'小康'。"

这是中国古代一种著名的社会理想。有人以为这里的大同是指原始社会，郑玄认为是指"五帝"时代，现在也有很多人认同这种说法。这说法当然不能肯定地说就是错误的，但是，准确说还是孔子心目中的理想社会。孔子虽然明确指出"与三代之英"，但是，夏、商、周三代绝对没有"人不独亲其亲，不独子其子"的那样的完美的制度。孔子实际上是假托禹、汤、文、武时代的事来描绘自己理想的世界。即便孔子真的以为夏、商、周就是这样的社会，那么，孔子也错了，因为我们已确知夏、商、周三代皆为野蛮的奴隶制度。孔子死于周敬王四十一年，即公元前479年，即以他与周成王的距离计算，周成王在位止于公元前1021年，中间相距五百多年。当时文献极少，怎么能详知夏、商、周的实际情况呢？信息的来源只有传说与文献，这都未必是可靠的。所以，我们以为孔子表述的是他心目中的理想世界。这个理想世界我们今天仍沿用孔子对其的称呼，称为"大同世界"。西方世界有柏拉图的《理想国》，有康帕内拉的《太阳城》，有托马斯·莫尔的《乌托邦》，都属于空想社会主义体系。其实，孔子的"大同世界"，与《诗经》里《硕鼠》诗中的"乐土"，与陶渊明的"桃花源"，都是中国的空想社会主义观念。《红楼梦》中林黛玉的《葬花吟》中有"天尽头，何处有香丘？"一句，其中的"香丘"，也是这种理想社会。这样看来，孔子的大同思想就是具有巨大历史价值的一种观念了，它是中华民族追求理想人生的发祥之源。但是本文中，"大同"思想只是作为一种理想提出来的，"姑妄言之"而已，本文的重点还在于分析"礼义"在小康社会中的重大作用。我们在阅读中应该细细体会。

苛政猛于虎

　　孔子过泰山侧，有妇人哭于墓者而哀。夫子式而听之。使子路问之曰："子之哭也，壹似重有忧者？"而曰："然。昔者，吾舅死于虎，吾夫又死焉，今吾子又死焉。"夫子曰："何为不去也？"曰："无苛政。"夫子曰："小子识之，苛政猛于虎也。"

　　[译文]　　孔子从泰山的山脚下经过，见到一个妇人在坟墓前边痛哭，哭得很悲伤。孔子手把车上的横木（式，通"轼"，横木）而仔细地听着。然后，派弟子子路去问那个妇人。子路问道："您哭得如此伤心，一定是有好几件忧伤的事情吧？"于是，（那妇人）说："是的。过去，我的公爹（舅）死于老虎，我的丈夫死于老虎，今天，我的儿子

又死于老虎。"孔子问："为什么不离开这里呢?"（那妇人）回答道："这里没有苛政。"孔子说："学生们，你们应该记住这个道理：苛政比老虎还要凶猛啊!"

　　这是《礼记·檀弓》中的名篇，表现孔子反苛政的思想；也就是推行仁政的主张。文章抓住一个极其典型、极易发人深思的事件，三言五语，题旨深邃。深山老林之中，老虎日夜出没，随时都有被老虎吃掉的可能。但是，正因为是深山老林之中，而且有老虎出没，所以，公差、衙役们不敢到这里来，于是苛捐杂税、兵丁力役都可以免除了。这一家人为什么宁肯被老虎吃掉也不愿离开呢? 因为老虎吃人不是必然的，即便是有90%的可能性，也还有10%的幸免的可能；苛政残害人民却是100%的，一点儿也没有幸免的可能。所以，经过反复衡量，还是不离开这个地方。孔子就此得出结论："苛政猛于虎也。"千真万确，使人信服。这个道理，参照柳宗元的《捕蛇者说》一起阅读，体会自然更深一些。

傲不可长

傲不可长，欲不可从，志不可满，乐不可极。贤者狎而敬之，畏而爱之。爱而知其恶，憎而知其善。积而能散，安而能迁。临财毋苟得，临难毋苟免。很毋求胜，分毋求多。疑事毋质，直而勿有。

[译文] 傲慢不可滋长，欲望不可放纵，志向不可自满，享乐不可达到极点。对于贤能的人要亲近并敬重，要敬畏并爱戴。对于所爱的人要了解他的恶德，对于憎恨的人要看到他的优点。能积聚财富，但又能分派济贫；能适应平安稳定，又能适应变化不定。遇到财物不要随便获得，遇到危难不应苟且逃避。争执不要求胜，分派不要求多。不懂的事不要妄下断语，已明白的事不要自夸知道。

本文选自《礼记·曲礼》，阐述儒家思想中的"中庸"之道。古代儒家思想的最大特点是凡事保持中间态度：既不能不及，又不能太过。这种态度叫作"中庸"。

做人，保持中庸尤其重要，而且具有很大的实践价值，也是修身养性的主要内容。内心要庄重矜持，但又不能过分，过分便成了傲慢。欲望可以得到正当的满足，过分则走向放纵。在任何时候，在任何事情上，都不能达到顶点，不能走向极端。这样，才能在上下左右的关系中和不断变化的环境中站稳脚跟，有所作为。

这种观念体现了儒家对人生的基本态度。它是积极的、现实的、进取的，同时又是谨慎的、保守的。千百年来，它对塑造我们民族的人格心理起过重要作用，产生过深远影响，是人生修养的重要思想资源。

无论我们现在如何来评价这种人生态度，事实上它已深入到了我们人格心理的深层结构之中。我们已习惯于按这种方式来待人接物，习惯于寻找历史的和现实的例证来证明傲慢、纵欲、自满、享乐的害处，以及保持中间状态的益处。我们也习惯于以此来品评他人，要求他人。这种传统，恐怕难以改变。

诚　意

　　所谓诚其意者，毋自欺也，如恶恶臭，如好好色。此之谓自谦。故君子必慎其独也。小人闲居为不善，无所不至，见君子而后厌然，掩其不善，而著其善。人之视己，如见其肺肝焉。然，则何益矣？此谓诚于中，形于外。故君子慎其独也。曾子曰："十目所视，十手所指，其严乎？"富润屋，德润身，心广体胖。故君子必诚其意也。

　　[译文]　人们所常说的使自己意念真诚的意思，就是不要自己欺骗自己，如同讨厌恶臭的气味（一样讨厌虚伪），如同喜爱美女（一样喜爱真诚）。这就叫作自己不亏心（谦，通"慊"，满足的意思）。所以，君子一定要在自己独居的时候格外慎重。小人闲暇无事做起坏事来是无所不为的，但他们见到君子之后就会遮掩躲闪，把他们的恶德藏起来而把他们好的（德行）显露出来。人观察自己，如同见到自己的肺和肝一样透彻，（但是如果不能使自己的意念真诚起来）那么又有什么用处呢？这就叫作心里有什么实在的东西，外表一定要显露出来。所以，君子一定要在自己独居的时候格外慎重。（孔子的弟子）曾子说："（与人群居的时候）十双眼睛看着你，十个手指指着你，（你还敢做坏事吗？）这是多么严厉的监督哇！"富裕可以给居室增添光彩，德行可以使人格更加高尚，一个人心地很宽广，身体才能很泰然安详（胖，读 pán，与今天"肥胖"的"胖"字音字意均不相同）。所以，君子一定要使自己的意念真诚起来。

　　《诚意》一文选自《大学》一书。《大学》是儒家经典之一。原是《礼记》中的一篇，约为秦汉之际儒家学者的作品（一说"曾子"作）。宋代时将《大学》从《礼记》中抽出，单行成册，与《论语》《孟子》《中庸》合称"四书"。

　　本文所说的诚意，是儒家学者修身的重要内容。儒家讲究正心、诚意，主张内省，修养德性。文章两次谈了"慎独"，颇有道理，对我们今天的青少年朋友们修养道德也是很有借鉴意义的。一个人干坏事多是单独干，众目睽睽之下，谁敢干坏事？文章开首与收尾均以"诚意"二字扣住文章的两端，其意深远。使自己成为一个真诚的人，对我们今天的青少年朋友来说，是至关重要的。

子夏其子而丧其明

子夏其子而丧其明。曾子吊之，曰："吾闻之也：朋友丧明，则哭之。"曾子哭，子夏亦哭，曰："天乎！予之无罪也！"曾子怒曰："商！女何无罪也？吾与女事夫子于洙泗之间，退而老于西河之上，使西河之民疑女于夫子，尔罪一也。丧尔亲，使民未有闻焉，尔罪二也。丧尔子，丧尔明，尔罪三也。"而曰："女何无罪与？"子夏投其杖而拜曰："吾过矣！吾过矣！吾离群而索居。亦已久矣！"

[译文]　子夏因儿子死了而哭瞎了眼睛。曾子前去吊唁并说："我听说朋友的眼睛失明了，就要为它哭泣。"曾子哭了，子夏也哭起来，说道："天啊！我没有罪过呀！"曾子气愤地说："你怎么没有罪过呢？以前我和你在洙水和泗水侍奉老师，后来你告老回到西河，使西河的人们把你比作老师。这是你的第一条罪过。你居亲人之丧，没有可以为人特别称道的事。这是你的第二条罪过。你儿子死了就哭瞎了眼睛。这是你的第三条罪过。"曾子接着反问道："你难道就没有罪过吗？"子夏听完扔掉手杖，下拜说："我错了！我错了！我离开朋友独自居住太久了。"

儒家讲"仁"。仁的内容之一是爱人，是以宽厚之心去爱护他人。这个宽厚之心，并不是没有原则地姑息迁就，也不是丧失自我立场地随便附和，而是用德行去感化、影响对方。这种爱法叫作"爱人以德"，用今天的话说，对朋友的真正爱护，是帮助他克服自己的缺点，改正自己的过错。子夏的故事就是说明了这个道理，治国立家也是一个道理，只要拥有宽厚谦虚的心态，能够吸取别人对自己的批评，同样也可以感化他人像你一样，如果天下人人都如此，那么这个社会将会多么和谐美好。

在生活中如果有人向你提出意见，不要总是想不通，脑筋转不过弯。遇到批评就以为是与自己过不去，或是故意和自己作对。可是，如果忠告者不看重你，不关心你，用不着对你进行规劝和提醒吗？我们要从相反的角度去想想，才能得到正确的答案。

齐家治国在修身

古人很重视修身，重视"正心""诚意"，即使心地公正，使意念诚挚，并认为这是安身立命的基础。儒家学者有"修身，齐家，治国，平天下"的说法，就是这个意思。这里古人所说的"家"绝不是我们今天的家的概念，今天的家是包括父母、子女和其他共同生活的亲属在内的社会单位，古代的"家"有的比"国"还要大。比如三家分晋，赵、魏、韩三家分掉晋国，各自也有今天的一个省那么大。孔子主张行"仁政"，孟子主张"民本"，即国家以民为本。他说："民为贵，社稷次之，君为轻。"这是劝告统治阶级要考虑人民的利益。在封建时代，虽然这种"仁政"与"民本"主张严格说来，一直也没有真正实行过，那是由于历史与阶级的局限，但是，这种主张仍然具有积极意义，而且，至少在特殊时期，个别地方还是有所施行的，还是给人民带来过某种程度的利益。古人关于以修身为本的治国主张，我们准备列举下面几篇文章，略作介绍，简单习读并分析。

李斯与《谏逐客疏》

秦国的宗室大臣们，亦即保守的贵族权臣们为了个人的利益，向秦王提出"逐客"（赶走别国来的官吏与策士），秦王举棋不定，李斯上书阻止秦王逐客，这就是古今名文《谏逐客疏》。李斯开宗明义，确切提出逐客的主张是错误的。李斯说："过去秦穆公寻求人才，西边得到戎人由余，东边得到楚宛人百里奚，从宋国迎来蹇叔，从晋国得

010 Weiyan Dayi

到丕豹和公孙支。这五位能人都不是秦人，却吞并20个国家，称霸西方。秦孝公重用商鞅变法，移风易俗，百姓殷富，国家强大，开地千里，至今强盛。秦惠王用张仪的计策，得三川之地，西吞巴蜀，北收上郡，南取汉中，更重要的是拆散了六国的联盟，功垂至今。秦昭王用范雎之计，废除权臣，加强国君的权威，削弱了豪族的势力。范雎又提出远交近攻的计策，得以蚕食诸侯，使秦国成为'西帝'。这四位先生都是别国来投靠之人，那么，客亏负秦国什么呢？今天，大王你手中握有崑山之玉，有随侯珠、和氏璧那样的宝物，又垂戴着明月之珠，佩挂着太阿之剑，骑着纤离之马，竖立着翠凤之旗……这些宝物没有一件是秦国产的，大王却非常喜欢，这是为什么呢？……如果大王喜爱女色音乐与明珠宝璧，却弃逐有用的人才，那可就不是能够征服海内，压倒诸侯的策略了。所以，泰山不拒绝泥土，所以能成就其高大；河海不挑拣细流，所以能成就其深广；君主不拒绝众多的百姓，所以能使他的功德昭著。现在，如果把外来的百姓赶走，岂不等于帮助了敌国？把外来的人才赶走，岂不等于成就了诸侯的霸业，使天下的贤士不敢向西而来，裹足而不敢进入秦国，那么，这正是所谓借给敌寇兵士而赠送盗贼粮草……"秦王听罢，立即废除逐客之令，恢复了李斯的官职。

李斯见解之高明主要在于他劝秦王抛却私心，开阔胸襟，广揽人才。秦国旧贵族大臣们之所以反对外来宾客，主要是因为有的宾客当了高官，侵害了他们的利益。李斯的主张用我们今天的话说就是改革开放，即打开国门，吸收外来的资源、宝物、歌舞、人才，相当于我们今日引进外来的资金、技术与人才。

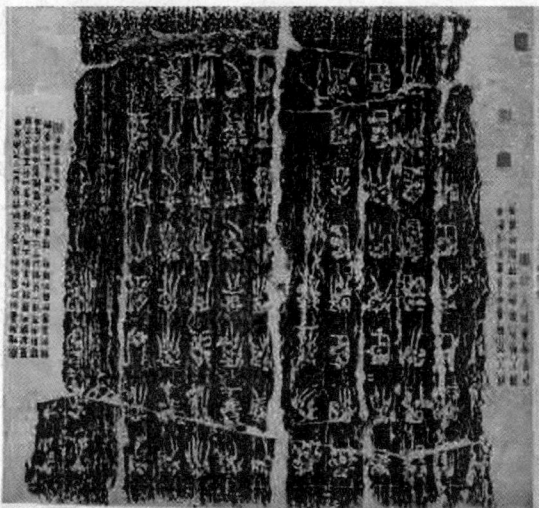

《谏逐客疏》石刻

贾谊与《过秦论》

　　贾谊是从另外一个角度论述国家应爱护人民这一道理的。他为了展开自己巧妙的论证方法，提出四股势力作对比，从而得出结论。这四股势力是：1. 秦国。统一天下前的秦国。2. 诸侯。指秦以外九国势力的总和。3. 秦朝。统一天下后秦朝的政权的实力。4. 陈涉。代表秦统一后的天下所有的百姓。贾谊浓墨重彩，极力描写秦国征服九国的轻松自如。先写商鞅变法后"立法度，务耕织"，积极进行战备，"外连衡而斗诸侯，拱手取西河之外"。这是秦孝公的伟业。接着写秦惠文王、秦武王与秦昭襄王的业绩。"南取汉中，西举巴蜀，东割膏腴之地，北收要害之郡。"接着，贾谊极力渲染（说的又都是实情）九国的人才济济。从德义上说，有齐之孟尝君、赵之平原君、楚之春申君、魏之信陵君；从出谋划策说，有宁越、徐尚、苏秦、杜赫等人物；从计议策略说，有齐明、周最、陈轸、召滑、楼缓、翟景、苏厉、乐毅等谋士；从统率军队说，有吴起、孙膑、带佗、倪良、王廖、田忌、廉颇、赵奢等大将……而且"以十倍之地，百万之众，叩关而攻秦……秦无亡矢遗镞之费，天下诸侯已困矣"。秦国于是"宰割天下，分裂山河"。至秦始皇更发扬六代的宏业，手执长鞭而驾御宇内，吞并二周而灭亡诸侯，登上皇位而控制天下……如此强大，却又想出许多固国的招法，焚书坑儒，收缴兵器，高墙深池，固若金汤。作者反复宣扬九国的强大，而秦国轻而易举地吞灭九国，足见秦国的强大。而秦国统一天下，地盘大了几十倍，人口多了几十倍，兵力增强不知多少倍，那么，秦朝比秦国势力强大多少倍则是难以统计的了。如此强大的秦朝最后碰到的对手是陈涉。陈涉的力量如何呢？作者又极力渲染陈涉的地位之卑、势力之小、条件之差，

按一般道理，秦朝打败陈涉是不费吹灰之力的。而结果恰恰相反，是"一夫作难而七庙隳，身死人手，为天下笑"。这是为什么呢？水到渠成，作者自然而然得出结论："仁义不施而攻守之势异也。"

　　贾谊的《过秦论》是一篇千古奇文。它的奇绝的论证方法是：1.本文是议论文，但通篇（除结尾一小段对比陈涉与六国实力是议论语言外）用的是记叙语言，这在古文中也是奇特的。2.作者作了几个奇怪的对比，我们不妨用数学公式表述如下：九国＜秦国；秦国＜秦朝；陈涉＜九国。对比的结果是秦朝最强大，陈涉最弱小。最后的敌手恰恰是秦朝与陈涉对阵，进攻与防守的情况发生了完全的变化，这是为什么呢？因为不施仁政。

晁错的《论贵粟疏》

　　晁错是汉景帝时的御史大夫，多次上疏要求削减诸侯的封地，后来，以吴王刘濞为首的七国叛乱，提出"清君侧"，指名要杀晁错。于是，晁错被斩于"东市"。

　　晁错《论贵粟疏》一文中首先谈到粮食储备

的重要。尧和禹时九年水灾,商汤时七年旱灾,国内没有饿死的人,就是因为储备了粮食。今日(指汉初)海内一统,土地辽阔,人民众多,积蓄却少于尧、禹与汤时期,为什么呢?因为"地有遗利,民有余力,生谷之土未尽垦,山泽之利未尽出也"。接着,晁错提出一个封建时代经济发展的重要问题,即抑制商贾活动与控制金银珠宝价格的问题。晁错提出一个封建时代到处存在的重要问题,就是农民需要卖粮,商贾以半价收入;农民无粮,商贾以双倍价格出售。这样就形成一个历代共有的问题:谷贱伤农。金银珠宝,饿了不能吃,冷了不能穿,为什么价格昂贵呢?因为上层贵族需要它(古代金银珠宝的价格基本上不像现代经济学讲的用劳动量所规定的价值量计算)。贵族为什么喜爱它呢?因为它"为物轻微易藏",便于携带,"周(游)海内而无饥寒之患"。这种东西使臣子背离君主,百姓离开故乡,盗贼受到鼓励,逃犯得以资助。如果没有金银珠宝,那么,人想外出就得背着粮食与行李、器具等,谁还能轻易出门?最后,晁错提出解决问题的办法:"贵粟之道,在于使民以粟为赏罚。"号召天下人向官府交粮。交了粮可以封爵;交了粮可以免罪。这样富人交粮得了爵位,免得他们高价卖给农民以求暴利;国家粮食充足了可以减少穷人的赋税,这是"损有余而补不足"的办法。最后,晁错引用神农氏的教诲说:"有石城十仞,汤池百步,带甲百万,而亡粟,弗能守也。"说明粮食与军事的关系。得出结论:"粟者,王者大用,政之本务。"用我们现在的话说,农业是国民经济的基础。当然,这里有一个问题需要分辨清楚,封建社会的商业与资本主义乃至社会主义商品经济本质上是不同的。

杜牧与《阿房宫赋》

　　杜牧(803—853),字牧之,京兆万年(今陕西长安)人,26岁中进士,官至中书舍人。杜牧是晚唐时期著名诗人,与李商隐齐名。文坛称李白、杜甫为"李杜";称李商隐、杜牧为"小李杜"。其诗擅长绝句。此外,杜牧有一篇脍炙人口的千秋佳作——《阿房宫赋》。

阿房宫理想图

　　秦末农民大起义，项羽攻入咸阳，焚烧了秦始皇的阿房宫，据《史记》记载，"大火三月不灭。"到了唐代，阿房宫旧址只有一丘土堆了。杜牧面对着这遗址，抒发了对历代兴衰的感慨。文章开头以十二个字，概括了秦始皇统一中国，大兴土木，建造阿房宫的一段历史："六王毕，四海一。蜀山兀，阿房出。"然后，作者铺排笔墨，不厌其详，写阿房宫之阵势。幅员三百余里，"直走咸阳"；渭水与樊川，"流入宫墙"。然后写亭台楼阁之多，建筑形势之奇，以及景致之繁富，歌舞之盛大，还有——第二段重点写宫女之殊众。秦始皇把原来六国宫中的美女全都收到咸阳，作为秦宫的宫女。这些宫女打开妆镜，如同夜里天上的明星；这些宫女梳拢头发，则如扰扰的绿云；这些宫女倾倒脂水，渭水为之涨起了脂膏；这些宫女焚烧椒兰，香烟如同雾气弥漫……宫女们日日夜夜巴望着皇帝的宠爱，然而有不得见到皇帝的，竟达 36 年之久。结果如何呢？作者用十四个字描述出来："戍卒叫，函谷举；楚人一炬，可怜焦土。"这是关于阿房宫故事的全部，这故事是人们都知道的。于是，作者的目的并不是介绍阿房宫的故事，而是要借机而发，表述他自己的"仁政"思想。结尾一段作者评论道：

"呜呼！灭六国者，六国也，非秦也。族秦者，秦也，非天下也。嗟夫！使六国各爱其人，则足以拒秦；秦复爱六国之人，则递三世，可至万世而为君，谁得而族灭也？秦人不暇自哀，而后人哀之。后人哀之而不鉴之，亦使后人而复哀后人也！"

这种后人哀后人，再有后人又哀这哀后人的后人，一代一代，从杜牧算起，也已一千余年。挥金如土，纸醉金迷，这是历代统治阶级的共性。唐朝灭亡，宋人也未鉴之；宋人灭亡，元人、明人皆"死于安乐"，这都不足为奇。我们青少年从小就应该树立明确的观念，确立自己一生的艰苦朴素的生活原则，以求自己能够健康地生活，为国家做出更大的贡献。

汉武帝与《求茂才异等诏》

汉武帝刘彻是我国历史上著名的大有作为的君主。他能诗善文，功业丰茂。这里选的是他的一篇短文，名曰《求茂才异等诏》的诏书。本文短小精悍，故全文录之于下：

"盖有非常之功，必待非常之人。故马或奔踶而致千里，士或有负俗之累而立功名。夫泛驾之马，跞弛之士，亦在御之而已。其令州郡察吏民有茂才异等可为将相及使绝国者。"

　　这是一篇寻求奇才异士的诏书。茂才就是秀才，后来编书的人为了避（东汉光武帝刘秀的）讳，改称茂才。但是，这里的秀才与隋唐以后科举制度中的秀才不是一个意思。这里指的是才能优秀之人；明清两代称府、州、县学的生员。汉武帝的这一篇诏书表现出他非同凡俗的见地。文章首句开宗明义，要建树不寻常的事业，就需要不寻常的人才。同样道理，也只有不寻常的人，才能说出这种不寻常的话。《古文观止》此处注曰："武帝雄心，露于'非常'二字。"所批深刻。然后，诏书打个比方，马有狂奔踢人却能行之千里的，士有世俗不容却能建立功业的。那么，马的狂奔踢人，士的不拘礼俗，都在于如何驾御他们罢了。于是，我"命令州郡考察吏民当中的秀才与出类拔萃的，（虽然不拘礼俗）却能作将相的，能出使远方国家的特殊的优秀人才"。不狂奔踢人的马不能致千里；不破除礼俗的士也不能成将相。汉武帝懂得这样的道理，是极难能可贵的。谨小慎微之人绝不是奇才。这里，我们想起后来曹操也有一个《求贤令》，列举古今不修边幅的大才，欲举用之。姜子牙衣衫褴褛，垂钓渭水；陈平被人污蔑"盗嫂受金"。曹操说："今天下得无有被褐怀玉而钓于渭滨者乎？又得无有盗嫂受金而未遇无知（魏无知，推荐陈平者）者乎？二三子其佐我明扬仄陋，唯才是举，吾得而用之。"看来，汉武帝与曹操实在是"英雄所见略同"。儒家学说提倡仁政，尤其重视"选贤与（通'举'）能，讲信修睦"（《礼记·礼运》），认为忽视人才是最大的不仁。这些观点，对我们今天都有一定的借鉴意义。

魏征《谏太宗十思疏》

　　魏征（580－643），字玄成，唐朝政治家。曾任谏议大夫、左光禄大夫，封郑国公，以直谏敢言著称，是中国历史上最负盛名的谏臣，

享有崇高的声誉。

唐太宗即位初期，因隋鉴不远，故能励精图治。随着功业日隆，生活逐渐变得奢靡，"喜闻顺旨之说"，"不悦逆耳之言"。魏征为此而担忧，多次上疏劝谏，《谏太宗十思疏》就是其中的一篇。

本文先以比喻开篇，通过成败得失的比较推论，归结到"可畏惟人"，指出了争取人心的重要性。全文围绕"思国之安者，必积其德义"的主旨，规劝唐太宗在政治上要慎始敬终，虚心纳下，赏罚公正；用人时要知人善任，简能择善；生活上要崇尚节俭，不轻用民力。这些主张虽以巩固李唐王朝为出发点，但客观上使人民得以休养生息，有利于初唐的强盛。本文以"思"为线索，将所要论述的问题联缀成文，文理清晰，结构缜密。并运用比喻、排比和对仗的修辞手法，说理透彻，音韵铿锵，气势充沛，是一篇很好的劝谏文。

本文第一段以"固本思源"为喻，说明"居安思危，戒奢以俭"的重要性。本文开篇并没有直接提出"十思"的内容，而是以生动形象的比喻打开话题。"臣闻"的口气不卑不亢，令人警醒。先从正面说，用比喻推理（"求木之长者，必固其根本；欲流之远者，必浚其泉源"）引出正题："思国之安者，必积其德义。"三个排比句，两个作比喻，一个明事理，浅显易懂，不容置疑。再从反面进行论述："源不深而望流之远，根不固而求木之长，德不厚而思国之理，臣虽下愚，知其不可，而况于明哲乎？"这样就加重了强调意味。反问的一句，差不多带有"挑衅"口吻，正是"忠言逆耳"之处。接着，进一步明确指出，"人君"地位高，责任重大，如果"不念居安思危，戒奢以俭"，要想国家长治久安是不可能的，如同"伐根以求木茂，塞源而欲流长"一样荒诞。这一段的结尾，照应前面，又充分利用了"木"与"水"

的比喻。

本文第二段总结历史经验，并从创业守成、人心向背等方面论述"居安思危"的道理。"凡百元首，承天景命，……善始者实繁，能克终者盖寡。"开头几句，寥寥数语，就概括了历代君主能创业不能守成的普遍规律，这虽说是人之常情，但要"思国之安"，就必须以理性去克服它。接下来，作者以"岂取之易而守之难乎"设问，引出更为具体的分析论证，指出"殷忧"与"得志"的不同心态：殷忧，则竭诚待人；得志，则纵情傲物。而"竭诚则胡越为一体，傲物则骨肉为行路"，对人的态度不同，其结果反差强烈，这说明能否恭俭待人是事业成败的关键。如果失去了民心，即使动用严刑也无济于事。"怨不在大，可畏惟人；载舟覆舟，所宜深慎"，这里借鉴古人的论述，将君和民的关系比作水与舟的关系，切中要害，振聋发聩，令人警觉。

本文第三段提出"居安思危"的具体做法，即"十思"。"十思"的核心内容是正己安人，但具体又有所侧重。"诚能见可欲，则思知足以自戒；将有作，则思知止以安人"，这两条是戒奢侈，如喜好器物美色，大兴土木，劳民伤财等；"念高危，则思谦冲而自牧；惧满溢，则思江海下百川"，这两条是戒骄躁，劝皇帝要恪守职分，不骄不躁，虚怀若谷，从谏如流；"乐盘游，则思三驱以为度"，是劝皇帝不要放任纵欲；"忧懈怠，则思慎始而敬终"，是劝皇帝勤勉政事，不要怠惰；"虑壅蔽，则思虚心以纳下"，是说"兼听则明"；"想谗邪，则思正身以黜恶"，是说"偏听则暗"；"恩所加，则思无因喜以谬赏；罚所及，则思无因怒而滥刑"，是说赏罚要有尺度，不因喜怒而有所偏颇。"十思"就是十条劝诫，语语坦诚，字字惊心。文章最后从正面论述做到"十思"的好处，描绘出"垂拱而治"的政治理想。其中提到的"简能而任之，择善而从之"，即"用人""纳谏"策略，实际上成为初唐的治国方略，创造了历史上有名的"贞观之治"。这十个方面，有的属于个人修养，有的属于规章制度，的确反映了魏征的远见卓识。但是从更高的境界上来看这个问题，我们就会发现，这十个方面完全靠皇帝个人的觉悟，靠皇帝的个人品质修养来维系，没有一个约束机制。皇帝高兴了就听几句，不高兴了，什么作用也不起。把国家的命运寄托在皇帝一个人的品质修养上，这难道不是很危险的事情吗？但是，我们不能用今天的眼光来要求古人，而是要通过阅读这篇文章，引起对现实的一些思考。其实，要治理好一个国家，单靠几个品德高尚的人是不能解决问题的，而要依靠法律。《吕氏春秋·察今》中说："治国无法则乱。"皇帝也要遵纪守法。由于魏征的历史局限性，他不可能从法律的角度来对皇帝提出要求，更不可能提出民主的原则。

总的说来，从魏征在贞观年间先后上疏二百余道的奏疏来看，《谏太宗十思疏》无疑是他奏疏中最精彩的一篇。此文论述富于哲理，吐词发乎深心，气势雄健，辩锋无向，是一篇精妙的宏文。他紧扣"思国之安者，必积其德义"这个在当时历史条件下安邦治国的重要思想作了非常精辟的论述，时至今日仍然闪烁着哲人智慧的光芒。

逍遥境里智灵开

　　《庄子》是道家的经典著作。是庄子及其后学所著。其文章汪洋恣肆，并多采用寓言故事形式，想象丰富。在哲学、文学上都有较高的研究价值。古人评论文章有"一庄二骚三史"的说法，是说文章首推《庄子》，第二《离骚》，第三《史记》。这说法是颇有道理的。文章，无论怎么说，都是人类灵性的体现。神采俊逸、思绪升腾、汪洋恣肆的文章必是灵性充足的。鲁迅先生评论庄子的文章说："其文则汪洋辟阖，仪态万方，晚周诸子之作，莫能先也。"看来评价也是名列第一。

　　庄子，名周，战国时宋国蒙（今河南商丘东北）人，约生于公元前369年，卒于公元前286年。庄子才华极高，学识渊博，一生中弟子寥寥，友人也甚少，孤独寂寞，贫穷潦倒，却极能泰然处之，从容安泰。他作过漆园小吏，为时很短，唯靠打草鞋过活，国君以高官厚禄请他出仕，然而其断然拒绝。庄子就是这样一位奇人，他的著作《庄子》于是也就是这样一部奇书。下面让我们一起赏析一下庄周的智慧。

庄周家贫

庄周家贫，故往贷粟于监河侯。监河侯曰："诺，我将得邑金，将贷子三百金，可乎？"庄周忿然作色曰："周昨来，有中道而呼者，周顾视车辙，中有鲋鱼焉。周问之曰：'鲋鱼来！子何为者耶？'对曰：'我，东海之波臣也。君岂有斗升之水而活我哉？'周曰：'诺！我且南游吴越之王，激西江之水而迎子，可乎？'鲋鱼忿然作色曰：'吾失我常与，我无所处。我得斗升之水然活耳。君乃言此，曾不如早索我于枯鱼之肆。'"

[译文]　庄周家里贫穷，所以到监河侯那里去借粮食。监河侯说："好。我将得到领地的赋税，（到那时）我将借给你三百金，可以吗？"庄周愤怒地变了脸色说："我昨天来时，在路上听到有呼唤的声音。我回头看车辙，里边有一条鲫鱼。我问它说：'鲫鱼，你过来，你在这里干什么呀？'（鲫鱼）回答说：'我——是东海的波浪中的臣民哪！先生难道没有一斗一升之水而使我活过来吗？'庄周回答说：'好。我将到南方拜访吴、越两国的君王，我将把西江的水弄来迎接你，可以吗？'鲫鱼愤怒地变了脸色道：'我失去我的生活条件（指水：常与，常在一起的东西），我没有地方存身了。我得到一斗一升的水然后便可以存活，先生却这么说，那样，还不如早早地到卖鱼干儿的市场上去找我了。'"

这篇小短文可以看出：庄子生活的贫困；监河侯的狡猾与虚伪；庄子的爽快与犀利；杂文笔调。

惠子相梁

惠子相梁，庄子往见之。或谓惠子曰："庄子来，欲代子相。"于是惠子恐，搜于国中，三日三夜。庄子往见之，曰："南方有鸟，其名鹓鶵，子知之乎？夫鹓鶵发于南海，而飞于北海；非梧桐不止，非练实不食，非醴泉不饮。于是鸱得腐鼠，鹓鶵过之，仰而视之曰：'吓！'今子欲以子之梁国而'吓'我邪？"

[译文] 惠施作了梁国的宰相，庄子前去看他。有人对惠施说："庄子前来，是要取代您的相位。"惠子害怕了，在都城里搜查了三天三夜。庄子前去看他，说："南方有一种鸟，它的名字叫鹓鶵，先生知道吗？这鹓鶵从南海出发一直飞到北海，（途中）不是梧桐树它不栖息，不是竹子的果实它不肯吃，不是甜美的泉水它不去饮。然而，有一只猫头鹰得到一只腐烂了的死老鼠，鹓鶵从它上边飞过，它仰头望着鹓鶵叫道：'吓！'今天，先生想用您的梁国来怒斥我吗？"

本文采用寓言的形式，辛辣地讽刺了醉心于功名富贵的人的丑恶嘴脸，表现了庄子对功名利禄的态度。故事发展出人意料，人物形象形成鲜明对照，比喻巧妙贴切，收到言简意非的效果。

阳子之宋

阳子之宋，宿于逆旅。逆旅人有妾二人，其一人美，其一人恶。恶者贵而美者贱。阳子问其故，逆旅小子对曰："其美者自美，吾不知其美也；其恶者自恶，吾不知其恶也。"阳子曰："弟子记之！行贤而去自贤之行，安往而不爱哉！"

[译文] 杨朱到了宋国，住在旅店里。店主有两个老婆，一个长得美，一个长得丑，然而丑的受到店主的宠爱而美的受到店主的轻视。杨朱问其中的原因。年轻的店主说："那个美的女人自以为美而骄矜，我不认为她美；那个丑的自以为丑而安分守己，我不认为她丑。"杨朱

对弟子们说："弟子们要记住这个道理：品行贤德而又能抛掉自以为贤德的做法，那么，到哪里人们能不爱惜他们呢！"

本文所反映的道理是人应该去掉自我夸耀的作风，谦卑才能受人敬爱。

庄惠游濠

庄子与惠子游于濠梁之上。庄子曰："鲦鱼出游从容，是鱼之乐也。"惠子曰："子非鱼，安知鱼之乐?"庄子曰："子非我，安知我不知鱼之乐?"惠子曰："我非子，固不知子矣；子固非鱼也，子之不知鱼之乐，全矣！"庄子曰："请循其本。子曰'汝安知鱼之乐'云者，既已知吾知之而问我，我知之濠上也。"

[译文]　庄子与惠子漫步在濠水的桥上。庄子说："你看鲦鱼出来游玩，那从容自在的样子。这就是鱼的乐趣啊！"惠子说："你又不是鱼，怎么能知道鱼的乐趣呢?"庄子说："你又不是我，你怎么知道我不知鱼的乐趣呢?"惠子说："是啊！我不是你，当然不知道你（知鱼之乐）了；然而，你本来就不是鱼，那么，你的不知道鱼的乐趣，就是全然无疑的了。"庄子说："现在，请让我们来追溯话题本源。你说'汝安知鱼之乐'的说法，就是已经知道我知道鱼的乐趣才问我的。我是在濠水的桥上知道的呀！"

本文的体裁，表面看是记叙文，记载庄子与惠子在濠水的桥上漫游的过程及其谈话的内容；其实本文是议论文，是两个人针锋相对的一次辩论。

　　本文是一篇逻辑论辩的佳话，全文充满着智慧。庄子与惠子，都是论辩高手，智慧超人；两强相斗，不相上下。最后，还是庄子运用偷换概念的办法取胜。通篇文章富于情趣。庄子与惠子这一番争论，到惠子最后一句话，其实胜负已定，惠子已经胜利。不料庄子异军突起，打了惠子一个措手不及，不得不败给庄子。本文最难理解的地方也就在这里——就是庄子的最后一句话。"安知鱼之乐"的"安"字有两种解法：1. 怎么；2. 在哪里。通篇说的都是"怎么知道"的，庄子后来转败为胜，正是用了偷换概念的办法。他说："你说'汝安知鱼之乐'的说法，就是已经知道我知道鱼的乐趣才问我的。你不是问我在哪里知道的鱼的乐趣吗？我是在濠水的桥上知道鱼的乐趣的。"虽然这话有点诡辩的嫌疑，但是我们读来颇觉得有些情趣，这便是文章的灵魂。

庄子钓于濮水

　　庄子钓于濮水。楚王使大夫二人往先焉，曰："愿以境内累矣！"庄子持竿不顾，曰："吾闻楚有神龟，死已三千岁矣。王巾笥而藏之庙堂之上。此龟者，宁其死为留骨而贵乎？宁其生而曳尾于涂中乎？"二大夫曰："宁生而曳尾涂中。"庄子曰："往矣！吾将曳尾于涂中。"

　　[译文]　　庄子在濮河钓鱼，楚王派两位官员前去请他做官，他们对庄子说："大王想将国内的政务委托给先生。"庄子坐持钓竿，眼盯浮子，也不回头，只淡淡地说："我听说贵国有一只神龟，已经死了三千年了。楚王吩咐，用白绸把它裹起来，安放在竹箱里，供在庙堂之上。设想你们两位就是这只灵龟，此时此刻会怎样想？是甘愿死去，遗留尊贵的骨甲，享受崇拜的香火呢，还是宁肯苟活，拖着尾巴，爬行在污泥中呢？"两位官员赔笑说："当然宁肯苟活，拖着尾巴，爬行在污泥中。"庄子说："请回你们楚国去吧。我可要拖着尾巴在污泥里爬啦，恕不奉陪。"

庄子衣大布而补之

庄子衣大布而补之，正縻系履而过魏王。魏王曰："何先生之惫邪？"庄子曰："贫也，非惫也。士有道德不能行，惫也；衣弊履贫，贫也，非惫也，此所谓非遭时也。王独不见夫腾猿乎？其得柟、梓、豫章也，揽蔓其枝而王长其间，虽羿、逢蒙不能眄睨也。及其得柘棘枳枸之间也，危行侧视，振动悼栗，此筋骨非有加急而不柔也，处势不便，未足以逞其能也！今处昏上乱相之间而欲无惫，奚可得邪？此比干之见剖心，征也夫！"

[译文]　　庄子穿着一件带补丁的粗布衣服，脚上穿的破鞋用麻绳绑着，去见魏王。魏王说："先生如何这样的疲惫呢？"庄子说："是贫穷，不是疲惫。士人有道德不能实行，这是疲惫；衣服破旧，鞋子穿孔，这是贫穷，不是疲惫，这就是所谓的生不逢时啊。你就没有见过那跳踯的猴子吗？当它们生活在柟、梓、豫章等大树之中的时候，攀援着树枝，心悦气盛，可以说是称王天下，即使善射的后羿、逢蒙也

不敢小看它们。等到它们落到了柘、棘、枳、枸等带刺的树丛中时，尽管小心谨慎，目不斜视，走起路来还是胆战心惊，这并不是因为筋骨受到了束缚而不灵活，这是因为所处情势不利，不能施展自己的才能啊！现在正处于昏君乱臣的治理下，想要不疲惫，怎么可能呢？在此社会中，像比干那样被剖心，不就是明证吗？"

古语曾有云："雁过留声，人过留名"，但庄子对此不以为然，他宁愿做自由自在的鱼，也不愿沾染名利，尽管其毕生贫困，在穷间陋巷中以编草鞋为生，但仍致力于道学的发展，并以乐观的心态追求至道，以求自身的逍遥。"庄子衣大布而补之"就深刻地体现了庄子的智慧哲理，足见其人生的豁达和对名利的淡薄。

庄子大鹏蓬间雀

北冥有鱼，其名为鲲。鲲之大，不知其几千里也；化而为鸟，其名为鹏。鹏之背，不知其几千里也；怒而飞，其翼若垂天之云。是鸟也，海运则将徙于南冥——南冥者，天池也。《齐谐》者，志怪者也。《谐》之言曰："鹏之徙于南冥也，水击三千里，抟扶摇而上者九万里，去以六月息者也。"野马也，尘埃也，生物之以息相吹也。天之苍苍，其正色邪？其远而无所至极邪？其视下也，亦若是则已矣。且夫水之积也不厚，则其负大舟也无力。覆杯水于坳堂之上，则芥为之舟，置杯焉则胶，水浅而舟大也。风之积也不厚，则其负大翼也无力。故九万里，则风斯在下矣，而后乃今培风；背负青天，而莫之天阏者，而后乃今将图南。蜩与学鸠笑之曰："我决起而飞，抢榆枋而止，时则不至，而控于地而已矣，奚以之九万里而南为？"适莽苍者，三餐而反，腹犹果然；适百里者，宿舂粮；适千里者，三月聚粮。之二虫又何知！

小知不及大知，小年不及大年。奚以知其然也？朝菌不知晦朔，蟪蛄不知春秋，此小年也。楚之南有冥灵者，以五百岁为春，五百岁为秋，此大年也；上古有大椿者，以八千岁为春，八千岁为秋，此大年也。而彭祖乃今以久特闻，众人匹之，不亦悲乎！汤之问棘也是已。穷发之北，有冥海者，天池也。有鱼焉，其广数千里，未有知其修者，其名曰鲲。有鸟焉，其名为鹏，背若泰山，翼若垂天之云，抟扶摇羊角而上者九万里，绝云气，负青天，然后图南，且适南冥也。斥鴳笑之曰："彼且奚适也？我腾跃而上，不过数仞而下，翱翔蓬蒿之间，此亦飞之至也。而彼且奚适也？"此小大之辩也。

故夫知效一官，行比一乡，德合一君，而征一国者，其自视也，亦若此矣。而宋荣子犹然笑之。且举世誉之而不加劝，举世非之而不加沮，定乎内外之分，辩乎荣辱之境，斯已矣。彼其于世，未数数然也。虽然，犹有未树也。夫列子御风而行，泠然善也，旬有五日而后反。彼于致福者，未数数然也。此虽免乎行，犹有所待者也。若夫乘天地之正，而御六气之辩，以游无穷者，彼且恶乎待哉？故曰：至人无己，神人无功，圣人无名。

[译文]　北方的大海里有一条鱼，它的名字叫鲲。鲲的体积，真不知道大到几千里；变化成为鸟，它的名字就叫鹏。鹏的脊背，真不知道长到几千里；当它奋起而飞的时候，那展开的双翅就像天边的云。这只鹏鸟呀，随着海上汹涌的波涛迁徙到南海。南海是个天然的大池。《齐谐》是一部专门记载怪异事情的书。这本书上记载说："鹏鸟往南

海迁徙时，翅膀拍击水面激起三千里高的波涛，海面上急骤的狂风盘旋而上直冲九万里高空，它是乘着六月的大风飞去的。"春日林泽原野上蒸腾浮动犹如奔马的雾气，低空里飞扬的尘埃，都是大自然里各种生物的气息吹拂所致。天空是那么湛蓝湛蓝的，难道这就是它真正的颜色吗？也或是高旷辽远没法看到它的尽头呢？鹏鸟在高空往下看，不过也就像这个样子罢了。水汇积不深，它浮载大船就没有力量。倒杯水在庭堂的低洼处，那么一根小草也可以当作船；而放一只杯子在这里，就搁浅在地面上，因为水太浅而作为船的杯子太大了。风聚积的力量不雄厚，那就没有能力负载巨大的翅膀。所以，鹏鸟高飞九万里，狂风就在它的身下，然后方才凭借风力飞行；背负青天而没有什么力量能够阻遏它了，然后才像现在这样飞到南海去。蝉与小鸠讥笑大鹏说："我们从地面急速起飞，碰着榆树和檀树的树枝，常常飞不到而落在地上，为什么要到九万里的高空而向南海飞呢？"到迷茫的郊野去，带上三餐就可以往返，肚子还是饱饱的；到百里之外的地方去，要用一整夜时间准备干粮；到千里之外的地方去，三个月以前就要准备粮食。蝉和小鸠这两个小东西懂得什么！

小聪明赶不上大智慧，寿命短比不上寿命长。怎么知道是这样的呢？清晨的菌类不知道每月最晚的一天和最早的一天（其寿命不超过一个月），蟪蛄不知道春和秋（其寿命不超过三季），这就是短寿。楚国南边有叫冥灵的大龟，它把五百年当作一个春季，把五百年当作一个秋季；上古有叫大椿的古树，它把八千年当作一个春季，把八千年当作一个秋季，这就是长寿。可是彭祖到如今还是以年寿长久而闻名于世，人们与他攀比，岂不可悲可叹吗？商汤询问棘的话是这样的：在那草木不生的北方，有一个很深的大海，那就是"天池"。那里有一种鱼，它的脊背有好几千里，没有人能够知道它有多长，它的名字叫作鲲。有一种鸟，它的名字叫鹏，它的脊背像座大山，展开双翅就像天边的云。鹏鸟奋起而飞，翅膀拍击急速旋转向上的气流直冲九万里高空，穿过云气，背负青天，这才向南飞去，打算飞到南海。小鸟雀讥笑它说："它打算飞到哪儿去？我奋力跳起来往上飞，不过几丈高就落了下来，盘旋于蓬蒿丛中，这也是我飞翔的极限了。而它打算飞到什么地方去呢?"这就是小与大的不同了。

所以，那些才智足以胜任一个官职，品行合乎一乡人心愿，道德能使国君感到满意，能力足以取信一国之人的人，他们看待自己也像是这样哩。而宋荣子却讥笑他们。世上的人们都赞誉他，他不会因此越发努力;世上的人们都非难他，他也不会因此而更加沮丧。他清楚地划定自身与外物的区别，辨别荣誉与耻辱的界限，不过如此而已呀!他对于世俗的功名，从来不迫切地去追求什么。虽然如此，他还是未能达到最高的境界。列子能驾风行走，那样子实在轻盈美好，而且十五天后方才返回。列子对于寻求幸福，从来没有迫切的样子。他这样做虽然免除了行走的劳苦，可还是有所依凭呀!至于遵循宇宙万物的规律，把握"六气"的变化，遨游于无穷无尽的境域，他还仰赖什么呢!因此说，道德修养高尚的"至人"能够达到忘我的境界，精神世界完全超脱物外的"神人"心目中没有功名和事业，思想修养臻于完美的"圣人"从不去追求名誉和地位。

本文选自《庄子·逍遥游》，是庄子非常有代表性的文章。本文描绘了一幅大鹏搏击云天的雄奇画面，并以夸张的手法，描绘了鹏鸟巨大的形体，搏击云天的惊人冲击力，把读者带进了一个奇幻的世界。接着又形象地描绘了作为鹏鸟的对立面——蝉与小鸠对大鹏的嘲讽。庄子写这则寓言的目的是说明无论大智（如鹏鸟）与小智（如蝉、小鸠）都不能获得绝对的自由，只有做到"无己""无功""无名"，才能达到绝对自由的最高境界。

镂金琢玉錾花蕾

司马迁

　　司马迁的《史记》是一部名冠千秋的佳作。它不但是史学著作的楷模，而且是文学著作的典范。本书前面提到古人论文章称"一庄二骚三史"的说法，也是极力推崇《史记》的文学价值。鲁迅先生将这一特点概括为两句话，叫作"史家之绝唱，无韵之《离骚》"。说得极其透彻。毛泽东同志称司马迁为文学家，而不称为史学家，也是颇有见地的（见《为人民服务》）。《史记》有种种"生花妙笔"，我们此处只谈一点，一般学者似乎对此不甚注意，就是《史记》中描写人物时往往在这人物少年时代的生活中穿插一个小故事，这个小故事或是此人物人格的概括，或是此人物命运的象征，或是此人物品行的写照，或是此人物追求的目标，等等。现在，让我们把《史记》款款翻开，欣赏这一幕幕优美、动人而又隽秀的故事吧！

　　项籍少时，学书不成，去学剑，又不成。项梁怒之。籍曰："书足以记名姓而已。剑，一人敌，不足学，学万人敌。"于是项梁乃教籍兵法，籍大喜，略知其意，又不肯竟学。

　　[译文]　项羽少年时，学习写字没有学成，改去学剑术，又没有学成。（他的叔父）项梁生气了。项羽说："学写字，足以记姓名就可以了。剑术，只能抵挡一个人，不足学，我要学抵挡万人的本领。"于是项梁教他兵法，他非常高兴，然而只是略微懂得一点大意，又不肯坚持学习到底。

此文之中，项羽的不肯用功学习，看来司马迁是当作优点来介绍的。这看法是否正确呢？看来，还得说是正确的。为什么？因为项羽不是一位学者，而是一位大英雄。作为一位大英雄，项羽倘若像后代书生那样读书背书，子曰诗云，不通世务，胆小怕事，试问，他如何能干出一番惊天动地的大事业呢？一般的教育多是庸才教育，对于大人物来说，虽然也有好处，但是更多的是有害处。也许有人说："项羽不是失败了吗？"是的。但是，项羽的失败不是由于他读书少；同样也是不读书的刘邦不是也胜利了吗？刘邦的胜利在于他能采纳张良、萧何、陈平等人的计策，能重用像韩信那样的人才；项羽的失败在于他不能采纳范增等人的计策，不能重用人才。陈平与韩信都是在项羽麾下不受重用才跑到刘邦那里的。

项羽

秦始皇帝游会稽，渡浙江，梁与籍俱观。籍曰："彼可取而代也。"梁掩其口，曰："毋妄言，族矣！"梁以此奇籍。

[译文]　秦始皇帝出游会稽，在渡钱塘江的时候，项梁与项羽同来观看。项羽说："那个人，我可以取而代之啊！"项梁连忙掩住他的嘴，说："不要胡说，（当心）全家的灭族之灾。"然而，项梁因为这件事却认为项羽是个出奇的人物。

项羽少年时这一举动，看似小孩子随便说的一句话。其实不是，这是项羽那种大无畏精神的真实写照。不管人们承认不承认，人的胸襟、胆略、气度大部分因素还是天生的素质。后天的磨炼当然很重要，但是，天生胆小如鼠的人无论如何也干不出"敢把皇帝拉下马"的大事业。项羽就是这样的人。

高祖为人，隆准而龙颜，美须髯，左股有七十二黑子。仁而爱人，意豁如也。常有大度，不事家人生产作业。……高祖尝繇咸阳，纵观，观秦皇帝，喟然太息曰："嗟乎，大丈夫当如此也！"

[译文]　（汉）高祖这个人，高鼻梁，额头突出。胡须很美，左边大腿上有七十二颗黑痣。为人仁厚爱人，喜欢施舍，性情豁达，胸襟开朗。从小志向远大，不肯从事平常人家生产劳作的事。……高祖曾经到秦都咸阳去服劳役，有一天正好遇到秦始皇出巡，允许百姓夹道观看，他感慨长叹说："咳！大丈夫应当像这样生活啊！"

刘邦

刘邦与项羽看到秦始皇时，各自只说一句话，然而，这一句话明确看出二人性格的不同。项羽心直口快，脱口说出篡权夺位的意思。刘邦的话中也不是没有篡权夺位的意思，但从语意上分析，不过就是表现出一些对秦始皇荣华富贵的生活的艳羡而已。如果两个人的话都被官府知道，那么，项羽肯定是要被"族矣"的；刘邦恐怕是被关几天禁闭就会放出来的。二人性格的不同对各自后半生的事业有极大的影响。刘邦比较狡猾，重用人才才能得天下；得了天下后如果不杀掉韩信、彭越等人也保不住这天下。项羽就不懂得这个道理，刚愎自用，鸿门宴上没有杀掉刘邦，最后落得个"乌江自刎"的悲惨结果。所以，从某种意义上说，刘邦的胜利是他的性格的胜利；项羽的悲剧则是他的性格的悲剧。

孔子为儿嬉戏，常陈俎豆，设礼容。

[译文]　孔子小的时候做游戏，常摆放各种祭器，学着大人祭祀时的礼仪动作。

孔子儿时游戏，可见他的终生志向，用一个字概括，就是"礼"。孔子的"礼"是一个很复杂的概念，对于维系几千年的封建统治起着难以估量的作用。但是，孔子"礼"学对于做人的道德规范来说，许多地方还是值得我们借鉴的，不可一概而论。

陈涉少时，尝与人庸耕，辍耕之垄上，怅恨久之，曰："苟富贵，无相忘。"庸者笑而应之曰："若为庸耕，何富贵也？"陈涉太息曰：

"嗟乎，燕雀安知鸿鹄之志哉！"

[译文]　陈涉年轻的时候，曾经受人雇佣帮人耕田种地，做累了跑到田埂上休息，心里头纳闷怨愤了好一阵子，说道："如果将来谁富贵了，可不能忘记彼此啊！"帮佣的人在旁笑着对他说："你是个受雇帮人种地的人，怎么可能富贵呢？"陈涉叹息着说："唉！燕雀这种小鸟，怎么能了解鸿鹄的高远志向呢？"

只有把陈涉的"燕雀安知鸿鹄之志哉"这一句话，与他后来说的"王侯将相宁有种乎"一句话结合起来分析，才能全面看出陈涉的大无畏的气概，这是英雄人物必须具备的一种性格美德。否则，大泽乡遇雨当斩的九百人中，怎么只有他能带领人们起义呢？可以说，这种大无畏的精神是革命领袖人物必备的素质，有没有这种素质是决定性因素。不但起义需要这种精神，就是干别的，包括研究学问，也需要这种英雄气概，方能干成大事业，成就大学问。

良尝闲从容步游下邳圯上，有一老父，衣褐，至良所，直堕其履圯下，顾谓良曰："孺子，下取履！"良鄂然，欲殴之。为其老，强忍，下取履。父曰："履我！"良业为取履，因长跪履之。父以足受，笑而去。良殊大惊，随目之。父去里所，复还，曰："孺子可教矣。后五日平明，与我会此。"良因怪之，跪曰："诺。"五日平明，良往。父已先在，怒曰："与老人期，后，何也？"去，曰："后五日早会！"五日鸡鸣，良往。父又先在，复怒曰："后，何也？"去，曰："后五日复早来！"五日，良夜未半往。有顷，父亦来，喜曰："当如是。"出一编书，曰："读此则为王者师矣。"……旦日视其书，乃《太公兵法》也。良因异之，常习诵读之。

[译文]　有一天，张良信步闲游，经过下邳的一座桥，这时正巧来了一位老翁，穿了件粗布短衣，走到张良的身边，却故意让自己的一只鞋掉到桥下，回过头来对张良说："小伙子，下去替我把鞋拾上来！"张良猛然一愣，真想挥拳揍他。但见他年老，就强压着怒火，跑到桥下，把老人那一只鞋给捡了上来。正要交给他，老翁说："替我把鞋穿上！"张良心想："已经忍着气替他捡了上来，就给他穿上吧！"于

是就弯下腰来，屈膝跪在桥上，替老翁把鞋穿好。老翁伸着脚等张良为他把鞋穿好，笑着就走了！张良十分吃惊，目送老人离去。老翁走出去一里多路，又走回来，说道："小伙子可以调教！第五天的天亮时，跟我在这儿会面！"张良十分纳闷，跪在地上，回答说："好的！"第五天天一亮，张良就去桥头赴约。等他到达时，老翁已经先到了！老翁很生气地对张良说："跟老人家约会，你却迟到，怎么回事？"说完掉头就走，边走边说："五天后早点来会面！"到了第五天，五鼓鸡鸣，张良就起身前去。到达桥头时，老翁还是比他先到，又生气地说："又迟到了，为什么？"老翁说完回头又走了，并说："再过五天，记住早点来！"到了第五天，张良没等到半夜，就提前去赴约。他才到了没多久，老翁就来了，一看，张良已经在桥上，很高兴地说："就应该这样！"于是从怀中取出一卷竹简编成的书，对张良说："好好研究它，就可以做帝王之师。"……等到天色亮了，张良细看那卷书，原来是《太公兵法》。他十分珍爱它，经常研读记诵这部兵书。

　　这是一个带有神话色彩的故事。张良本是韩国的贵族，祖父和父亲相继当过韩国五朝的宰相。秦始皇灭韩的时候，张良年少。当时他弟弟死了，他不去料理丧事，却将所有家财变卖来招募刺客刺杀秦始皇。雇佣一位力士，特制120斤的大铁锥，刺杀秦始皇，不料只击中副车。秦始皇重金悬赏捉拿刺客。这个故事正是发生在张良逃到下邳避难之时。关于张良与圯上老人的事情，本书另有一章，介绍苏轼的《留侯论》的时候再行介绍，请参阅。

张良

　　里中社，平为宰，分肉食甚均。父老曰："善，陈孺子之为宰！"平曰："嗟乎，使平得宰天下，亦如是肉矣！"

　　[译文]　里巷中举行社祭活动，陈平作为分肉的宰者，把肉食分得很均匀。父老们都说："好啊！陈平这小伙子当宰者（当得很好

哇)!"陈平说:"唉!如果说我陈平能够宰治天下的话,也将像这次分肉一样!"

人有大志,青少年时代总能看出一点儿端倪。不但文学作品中是如此,生活中也往往是如此。只要你细心考查,成大事业者,他们的少年时代,多多少少,不知哪一点上,总有与众不同的地方。陈平的这个小故事,有两点值得注意:一是他小小年纪却能被人们推举为宰者,这本身就说明他与一般的"少孺子"不同;二是他分肉分得均匀(这并不难,难的是分得均匀而大家拥护)。人们赞扬他,他立即说"得宰天下,亦如是肉"这样的话。这说明他平时心目中已经存有了"宰割天下"的雄心壮志。他有这等大志,又持之以恒,研究局势,多出奇计,在那样的纷纭乱世之中,取得他后来的功绩就是理所当然的了。

管仲曰:"吾始困时,尝与鲍叔贾,分财利多自与,鲍叔不以我为贪,知我贫也。吾尝为鲍叔谋事而更穷困,鲍叔不以我为愚,知时有利不利也。吾尝三仕三见逐于君,鲍叔不以我为不肖,知我不遭时也。吾尝三战三走,鲍叔不以我为怯,知我有老母也。公子纠败,召忽死之,吾幽囚受辱,鲍叔不以我为无耻,知我不羞小节而耻功名不显于天下也。生我者父母也,知我者鲍子也。"

[译文] 管仲说:"从前我穷困的时候,曾经和鲍叔牙合伙做生意。分钱的时候,我多分给自己。鲍叔牙并不认为我贪财,因为他知道我很贫穷。我曾经替鲍叔牙谋事,而鲍叔牙反而更困窘。鲍叔牙不认为我愚笨,因为他知道时机有利与不利的差别。我曾经三次出仕,三次被君主罢斥。鲍叔牙并不认为我没有才能,因为他知道我时运不好。我曾经三次带兵打仗,三次战败退回。鲍叔牙并不认为我胆怯,因为他知道我家中有老母。公子纠与小白争君位失败,召忽自杀,我忍辱被囚。鲍叔牙不认为我无耻,因为他知道我不羞小节,而以功名不显扬于天下为耻。生我的人是我的父母,了解我的人却是鲍叔牙先生!"

这又是一段千古佳话，是管仲与鲍叔牙之间的友谊之歌。这个故事与后来也被传为美谈的"桃园三结义"的故事相比，虽然没有"同年同月同日死"的慨然盟约，但是那"同死"的誓言会让人感到有一些功利主义色彩；鲍叔牙对管仲，虽然预料到他日后必有功业，但是对他百般理解、体贴毕竟是在他的"穷时"，这就更带有一点人情味，更带有一点文学色彩。这个故事，实际上比"伯乐相马"之类的比喻更要感人肺腑。

淮阴屠中少年有侮（韩）信者，曰："若虽长大，好带刀剑，中情怯耳。"众辱之曰："信能死，刺我；不能死，出我胯下。"于是信孰视之，俯出胯下，蒲伏。一市人皆笑信，以为怯。

[译文]　淮阴市井中有个卖肉的少年侮辱韩信，说："你虽然身高体壮，喜欢舞刀弄剑，但你心里胆怯。"众人侮辱他说："韩信，你要是不怕死，就用剑刺我；如果怕死，就从我胯下钻过去。"于是韩信仔细看看他，弯下身子从他胯下爬了过去。满街的人都讥笑韩信，以为他怯懦。

韩信受胯下之辱，在中国是妇孺皆知的故事。这件事情告诉人们一个道理，叫作"大丈夫能屈能伸""好汉不吃眼前亏"。正是因为韩信能够忍一时之辱，不因小失大，才有了后来为刘邦夺取天下建立汗马功劳。

读了这么多小故事，你是否想过这样一个问题：司马迁写这些小故事，其题材的来源是怎样的情况呢？

司马迁作为一位优秀的史学家，能够"读万卷书，行万里路"。司马迁有很好的家学渊源，他的父亲司马谈就是太史令，所作《论六家要旨》颇显示出其学识与才华的出众。司马迁自己读过汉代国家图书馆"石室"与"金匮"的所有藏书。司马迁20岁开始漫游天下，到过淮水、长江，登过会稽山，探过禹穴，勘察过九疑山，渡过沅水、湘水、汶水、泗水，到过齐、鲁，途经梁国、楚国，甚至到过巴蜀以南，达到昆明等地。从今日地理概念来说，除了东北、新疆、西藏等少数地方之外，司马迁都到过。而且，司马迁少年时代继承父志，便有了写作《史记》的宏志，他的漫游就是为了写作而进行的。他到过大泽乡，到过彭城、下邳，到过淮阴等许多地方，多方面考察、收集"天下放逸之闻"，搜集到许多资料。根据这些推断，我们可以大体确定司马迁创作素材的几个来路：1. 古书上零散记载的；2. 民间传说保留下来的；3. 司马迁漫游时考察出来的；4. 司马迁从别的书中移置过来的；5. 司马迁虚构的。至于哪一个故事是从哪一个渠道来的，则不是可以轻易看出来的。

然而，难得的是这些故事题材都是那样深刻，真实地反映着人物形象，如同从生活中截取的材料一样真实；甚至如同今日所谓报告文学的题材那样的真实，这是极不简单的。

乐府诗中众生相

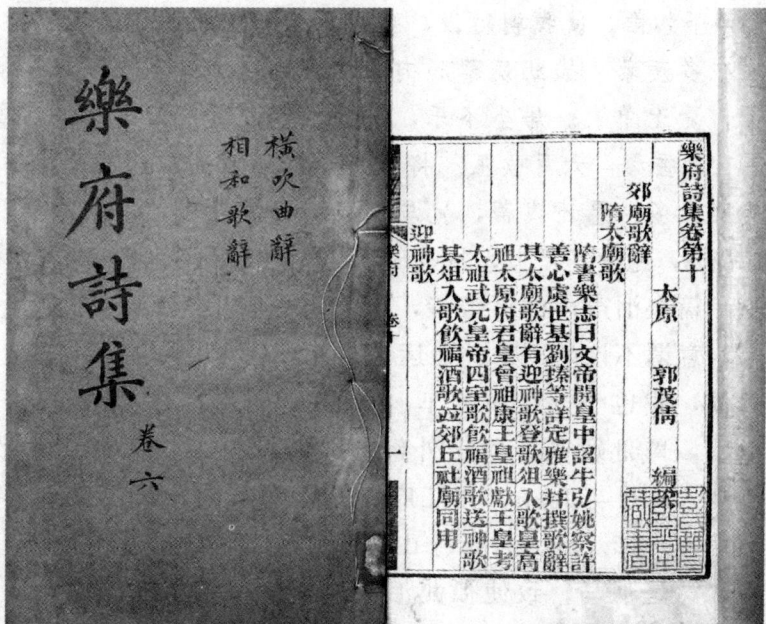

《乐府诗集》是宋人郭茂倩编纂的，内容相当丰富。"乐府"，本是掌管音乐的机关名称，最早设立于秦朝时，汉武帝时规模较大，南北朝也有乐府机关。其具体任务是制作乐谱，收集歌词和训练音乐人才。歌词的来源有两种：一部分是文人专门作的；一部分是从民间收集的。后来，人们将乐府机关采集的诗篇称为乐府，或称乐府诗、乐府歌词，于是乐府便由官府名称变成了诗体名称。《乐府诗集》诗词种类丰富。在这里，我们选取几个短篇叙事诗略加赏析，以见《乐府诗集》所反映的社会风貌和它的诗歌风俗。

孤 儿 行

孤儿生，孤子遇生，命独当苦！父母在时，乘坚车，驾驷马。父母已去，兄嫂令我行贾。南到九江，东到齐与鲁。腊月来归，不敢自言苦。头多虮虱，面目多尘土。大兄言办饭，大嫂言视马。上高堂，行取殿下堂，孤儿泪下如雨。使我朝行汲，暮得水来归。手为错，足下无菲。怆怆履霜，中多蒺藜。拔断蒺藜肠肉中，怆欲悲。泪下渫渫，清涕累累。冬无复襦，夏无单衣。居生不乐，不如早去，下从地下黄泉。春气动，春萌芽。三月蚕桑，六月收瓜。将是瓜车，来到还家。瓜车反覆，助我者少，啖瓜者多。愿还我蒂，兄与嫂严。独且急归，当兴校计。乱曰：里中一何**诮诮**，愿欲寄尺书，将与地下父母，兄嫂难与久居。

这是一篇血泪声声的诉苦诗，前三句写孤儿生下来，"遇生"是偶然生下来，意谓不该生下来，命运让孤儿独自承受着痛苦。"父亲母亲活着的时候，我也坐上结实的车，由四匹马拉着，生活得很舒服。父母去世以后，哥哥嫂子令我出外经商（行贾，在汉代被看作贱业）。"九江古指庞大，且与九江、九江府、九江郡不同，历代又有不同，此概指安徽寿县一带。齐、鲁指今山东省。下面写冬季归来，不让休息，又是做饭，又是喂马，致使孤儿泪下如雨。写完出外经商，又写出门打水。"早晨出去打水，晚间才能回来。手都皲裂了（'错'同'皵'，读 què，指皲皲，即皮肤皲裂），脚下没有草鞋（'菲'同'屝'，读 fèi，指草鞋），走在结霜的蒺藜丛中，蒺藜的刺刺进小腿肚的肉里〔肠：腓（féi）肠，小腿肚。月：肉〕，想要拔掉却断在里面，让人疼痛难忍。冬天没有夹袄（复襦），夏天没有单衣。今生没有乐趣，不如早去黄泉见父母。"写完出门打水，再写运瓜。"瓜车翻（反）倒（覆），帮助我捡瓜的人少，吃瓜的人多。我要求他们留下瓜蒂，回去向兄嫂交待。"最后，写孤苦无告的孩子希望给地下的父母写一封信，告诉他们，再也不能与兄嫂住在一处了。怎么办呢？父母能"回信"吗？如何摆脱痛苦的境地？一切留给读者思考。

十五从军征

　　十五从军征，八十始得归。道逢乡里人："家中有阿谁？""遥望是君家，松柏冢累累。"兔从狗窦入，雉从梁上飞。中庭生旅谷，井上生旅葵。舂谷持作饭，采葵持作羹。羹饭一时熟，不知贻阿谁。出门东向看，泪落沾我衣。

　　这是一篇苍老的征夫的孤苦无告的悲歌。从诗的首二句便可看出社会动荡、民不聊生的人间惨剧。十五从军，八十始归，这是怎样的战乱年代啊！尤为可悲的是，主人公回到家乡，竟要向别人打听道路，人家告诉他，他才知道"松柏冢累累"的家园。家园是什么样呢？兔子从狗洞进去，说明这兔子是野兔，狗洞是从前的狗洞；雉从梁上飞，说明野鸡栖息房梁，房子已荒芜很久了。这已不是一个家，而只是一个废墟了。庭院中只有"野生的谷物"，井上只有"野生的葵菜"（旅字本身有"不种而生"的意思。左思《魏都赋》："……故荆棘旅庭也。"意谓不种自生于庭院中，故指野生），于是这位老兵就将野谷舂来做饭，又把葵菜拿来煮汤。此时他的心情多么悲怆啊！六十多年来，他日日夜夜盼望与家人团聚，吃上一顿团圆饭。今日，饭做成了，可是给谁吃呢？于是，老人再也吃不下去了，信步走出东门，企盼着还如当年一样，亲人从门外回来，当然这只是一种幻想而已，他只有热泪纵横，湿透了衣裳。

卖炭翁

卖炭翁，伐薪烧炭南山中。

满面尘灰烟火色，两鬓苍苍十指黑。

卖炭得钱何所营？身上衣裳口中食。

可怜身上衣正单，心忧炭贱愿天寒。

夜来城外一尺雪，晓驾炭车辗冰辙。

牛困人饥日已高，市南门外泥中歇。

翩翩两骑来是谁？黄衣使者白衫儿。

手把文书口称敕，回车叱牛牵向北。

一车炭，千余斤，宫使驱将惜不得。

半匹红纱一丈绫，系向牛头充炭直。

白居易写作《新乐府五十首》是在元和初年，这正是"宫市"为害最深的时候。他对"宫市"十分了解，对人民又有深切的同情，所以才能写出这首感人至深的《卖炭翁》来。但是，《卖炭翁》的意义，远不止于对"宫市"的揭露。诗人在卖炭翁这个典型形象上，概括了唐代劳动人民的辛酸和悲苦，从卖炭这一件小事反映出了当时社会的黑暗和不平。读着这首诗，我们所看到的绝不仅仅是卖炭翁一个人，透过他，仿佛有许许多多种田的、打鱼的、织布的人出现在我们眼前。他们虽然不是"两鬓苍苍十指黑"，但也各自带着劳苦生活的标记；他们虽然不会因为卖炭而受到损害，但也各自在田租或赋税的重压下流着辛酸和仇恨的泪水。《卖炭翁》这首诗不但在当时有积极意义，即使对于今天的读者也有一定的教育作用。《卖炭翁》的艺术性是很高的。诗人在开头八句里，先对卖炭翁做了一番总的介绍，介绍得那样亲切、自然，就像介绍诗人自己家里的人一样。"满面尘灰烟火色，两鬓苍苍十指黑"，用了简单然而深情的十四个字，就形象地勾画出老人的外貌。"可怜身上衣正单，心忧炭贱愿天寒"，又是同样简单而深情的十四个字，深刻地刻画了他的内心活动。这番介绍就好像一组电影画面，从南山的远景开始，镜头平稳地拉近，然后就接连几个大特写：两鬓、十指、灰尘满面、衣衫褴褛，使人触目惊心。

这样介绍了以后，诗人就拣取卖炭翁的一次遭遇，来加以具体描写。白居易有意把他放在一个大雪天里，这雪，虽然使他的身体格外寒冷，但却点燃了他心头的希望；虽然增加了赶车的困难，但也给了他力量，使他一口气就赶到了目的地。这种描写十分富于戏剧性。卖炭翁满怀希望地赶到市上，却不急着马上把炭卖掉，而是停下来歇息。但是，他的内心并不像外表一样平静，"牛困人饥日已高，市南门外泥中歇"，如同一场悲剧在发生以前的短暂的沉默，这两句诗使读者的心弦绷得紧紧的。

接下去，诗人掉转笔锋，使故事情节急转直下，突然出现了两个宫使。白居易再次运用由远及近的写法，写他们骑着马远远而来，样子很威风，衣着很神气，这与卖炭翁歇在泥中的样子，形成强烈的对照。卖炭翁还来不及弄清楚是怎么一回事，他们已经把车牵向北去了。写到这里，诗人不忍心再写下去了，他简短地交代了事情的结果。作者没有像《新乐府五十首》中的其他诗那样直接发表议论，但正是这简短的结尾，才更含蓄、更有力、更能发人深思。

菊花千载得诗魂

中国几千年的文明史中，诗与花结下了千丝万缕的情缘。在诗，则诗词歌赋；在花，则梅兰竹菊。这其中，许多诗与许多花结下了姻缘。此处列举两例，提到梅花，人们多谈到林逋，因为他有"疏影横斜水清浅，暗香浮动月黄昏"这样的佳妙诗句；提到菊花，人们必谈陶渊明的"采菊东篱下，悠然见南山"这一千秋万代而脍炙人口的妙句。曹雪芹的《红楼梦》中，大观园的才女们结社吟诗，取得菊花诗魁的林黛玉写的是《咏菊》一诗，其原诗为：

咏 菊

无赖诗魔昏晓侵，绕篱欹石自沉音。

毫端蕴秀临霜写，口齿噙香对月吟。

满纸自怜题素怨，片言谁解诉秋心？

一从陶令评章后，千古高风说到今。

　　这首诗出现在《红楼梦》第38回《林潇湘魁夺菊花诗　薛蘅芜讽和螃蟹咏》里。这是"海棠诗社"的第二次活动,这时贾府表面上处于最鼎盛的时期。此次活动,由史湘云和薛宝钗拟定题目,共12道题目,限定七律,但不限韵,由宝玉、黛玉、宝钗、湘云、探春等五人自由选题。在这次吟诗比赛中,"蘅芜君"薛宝钗选了《忆菊》《画菊》之后,"怡红公子"贾宝玉选了《访菊》和《种菊》两道诗题。"潇湘妃子"林黛玉选了其中三道诗题:《咏菊》《问菊》和《菊梦》。其余5题分别由湘云和探春选得。只"有顿饭工夫,十二题已全,各自誊出来,都交与迎春,另拿了一张雪浪笺过来,一并誊录出来"。这首诗是在"蘅芜君"的《忆菊》、"怡红公子"的《访菊》和《种菊》,"枕霞旧友"史湘云的《对菊》《供菊》之后,由"潇湘妃子"林黛玉写出的三首诗中的第一首。"众人看一首,赞一首,彼此称扬不已。李纨笑道:'等我从公评来。通篇看来,各有各人的警句。今日公评:《咏菊》第一,《问菊》第二,《菊梦》第三,题目新,诗也新,立意更新,恼不得要推潇湘妃子为魁了。'"林黛玉可谓是囊括金、银、铜牌。"宝玉听说,喜的拍手叫'极是,极公道。'"

　　首联"无赖诗魔昏晓侵,绕篱欹石自沉音"交代了诗作的时间、地点以及作者创作时的心情。"潇湘妃子"咏菊的时候跟一般人不同，她有一种强烈的创作冲动，像神魔附体似的，使得她从早到晚激动不已，欲罢不能。创作灵感来了，她甚至不能静坐于闺房，只好绕过篱笆，来到假山旁边，斜靠在山石上，面对着菊花，专心致志地去构思、低吟。诗词来源于生活，来源于实践，来源于自然，来源于真实情感。这一句道尽了所有诗人的创作经验。不仅如此，还把诗人的兴奋、专心致志的艺术形象活灵活现地呈现出来了。"潇湘妃子"仅此一联就足以技压众人了。颔联"毫端蕴秀临霜写，口齿噙香对月吟"胸有成竹，于是提起笔来，一泻千里，把赞美菊花的秀丽篇章写了出来。这还不够，还要对着天上的明月反复诵。可见，作者完全沉浸在完成诗作后的巨大幸福之中。接着，笔锋一转，颈联："满纸自怜题素怨，片言谁解诉秋心？"又回到了林黛玉多愁善感的情绪之中：借颂扬菊花来抒发"我"愁怨的诗篇，又有谁能够理解"我"像素秋一样高洁的情怀呢？尾联"一从陶令评章后，千古高风说到今"在诗词创作中叫"合"，于是又回到了咏菊的主题，是说天下的菊花自从陶渊明的作诗评论后，便有了自己的高风亮节，一直被人们称颂至今。

陶渊明的这首诗，是他的 20 首《饮酒》诗中的第 5 首，其诗曰：

> 结庐在人境，而无车马喧。
>
> 问君何能尔？心远地自偏。
>
> 采菊东篱下，悠然见南山。
>
> 山气日夕佳，飞鸟相与还。
>
> 此中有真意，欲辨已忘言。

陶渊明的 20 首《饮酒》诗，是陶渊明弃官归隐后三年作的。这就是说，作者已有了自耕自食的生活体验。作者在 20 首《饮酒》诗前有一段小小的序言，说：

"余闲居寡欢，兼比夜已长，偶有名酒，无夕不饮。顾影独尽，忽焉复醉。既醉之后，辄题数句自娱；纸墨遂多，辞无诠次。聊命故人书之，以为欢笑尔。"

这实在是苦中作乐，借酒消愁。所谓"闲居寡欢"，自然没有做官

菊

时候的欢乐，于是"比夜"也就自然显得很漫长了。所谓"偶有名酒，无夕不饮"，这是一种贫寒遮羞的话。难道非得"名酒"才饮吗？难道退隐之后所饮的酒比那做官时所饮的酒还更称得上"名酒"吗？所谓"顾影独尽，忽焉复醉"倒是真的。一个人对着影子独饮，本来容易醉嘛！一个"复"字，说明常饮常醉。这才是作者写《饮酒》诗的本来心境。

这首诗像一幅白描画，勾勒出陶渊明田园隐居生活及其悠然自得的情趣。诗的字面意思是很容易解释的。其大致意思是说："我在人间建造一座房屋（这'人间'二字与'桃花源'比照理解，颇有深意，说自己尚未身居理想的'桃花源'之中），却没有车马的喧闹（这是与官场生活庸俗的人情往来相比照写的）。那么，请问为什么能达到这样的境界呢？这是因为我的志存高远（意指超脱官场的羁绊），于是我的居地才如此偏僻而安然。我在东边的篱笆墙边采来黄艳艳的菊花，而南边的山峦悠悠然映入我的眼帘。傍晚山色秀丽，鸟儿结伴而归。群山里的田园生活才有我的生活的真谛，我意欲品味其中的情趣却也欲语无言。"

　　作者描写田园生活情趣之际，时时与心中厌恶的官场生活有个比照，只有这样鉴赏才能体察到此诗中的妙意。但是，一千多年以来，评论家们群口称赞其中的两句绝妙诗句，这就是"采菊东篱下，悠然见南山"。即便是研究西方美学理论的大家，如朱光潜先生一类学者也在这里大展身手。前文所述《红楼梦》中林黛玉的"一从陶令评章后，千古高风说到今"，正是指此二句而言。这首诗的奥妙究竟何在？这确实是一个复杂的美学问题。为了说明这个道理，我们先概略地介绍一下清末民初学者王国维关于"意境"二字的分析。王国维先生在他的名著《人间词话》中说："词以境界为最上。有境界自成高格，自有名句……有有我之境，有无我之境。'泪眼问花花不语，乱红飞过秋千去。'（冯延巳《鹊踏枝》）……有我之境也。'采菊东篱下，悠然见南山。'……无我之境也。"关于这两种境界（此处与"意境"二字义同）学术界有许多探讨与争论，朱光潜先生甚至以为王国维搞错了，"其有我之境正是无我之境；而其无我之境才是有我之境（朱光潜《诗的境界——情趣与意象》）。"这些问题我们不去讨论。其实，所谓"有我之境"，只是作者的感情沉浸在境界之中；所谓"无我之境"就是作者超然物外。换句话说，前者尚未超脱；后者已经超脱。"泪眼问花花不语"，就是前者；"悠然见南山"，就是后者。顺便说一句，看来朱光潜先生曲解了王国维的意思。此不细论。

　　"采菊东篱下"，这是一个多么寻常的句子；"悠然见南山"，又是一件多么平常的事情！它何以具有震慑千秋读者灵魂的巨大魅力？这股神奇的魅力到底从何而生？这实在是一个难以回答的问题。在回答

这个问题之前，我们再看王国维的一段话："古人为词，写有我之境者为多，然未始不能写无我之境，此在豪杰之士能自树立耳。"这确实是一种极为高明的见地。这就是说，（差不多）只有豪杰之士才能勾画出这种"无我之境"的。这话说得有些绝对化，却是颇有道理的。陶渊明虽然没有攻城野战的"豪杰"之举，但只要你看到他歌咏秦代义士荆轲的诗（《咏荆轲》），便可看出他的"豪杰"之气。当然，这里的"豪杰"二字的意思自然又不能从"英雄豪杰"的那个简单意思上去理解，它的另外的含义就是独具慧眼的人。换句话说，没有深刻人生体验的人，不是"翻过筋斗"过来的人，不是超然物外的人，断不能创造出"无我"的境界。这一点是肯定的。如果你不理解官场的庸俗生活使陶渊明多么痛苦（他辞官的时候说："我岂能为五斗米折腰向乡里小儿。"），那么，你怎么能理解那见到南山的"悠然"心境呢？有的版本把"悠然见南山"改成"悠然望南山"，这一字之差，神韵荡然无存。苏轼说："因采菊而见山，境与意会，此句最有妙处。近岁俗本皆作'望南山'，则此一篇神气都索然矣。"这有助于我们品味这句名诗。

苍凉六曲传千古

　　王之涣是初唐艺术成就卓异的诗人。在中国，可以说是家喻户晓的诗人，这是因为他有两首脍炙人口的杰作，即《登鹳雀楼》《凉州词》。《全唐诗》中收入王之涣的诗只有六首，少得可怜。关于他的生平事迹也少有人知，《全唐诗》只说他是并州人（唐时属太原府），"兄之咸、之贲皆有文名。天宝间，与王昌龄、崔国辅、郑旷联唱迭和，名动一时。"作诗到了王之涣的水平，可以断定他的诗作数量极多，只是所传者甚少。王之涣的诗作留存下来的只有六首，然而却让他取得声蜚千载的巨大荣耀，这种情况在世界文化史上也是极为少见的。

登 鹳 鹊 楼

白日依山尽，黄河入海流。

欲穷千里目，更上一层楼。

　　鹳鹊楼，一作鹳雀楼，故址在今山西省蒲县西南城上（一说永济市），唐时为河中府。这首仅有二十字的小诗何以有这么大的魅力，这实在是文学欣赏中一个极难说清的问题。此诗的传播远较李白的《独坐敬亭山》更为广泛，本书中分析了《独坐敬亭山》的意境（见《物我浑融意境深》一章），说明诗人李白将自己的孤独、寂寞的诗心注入给敬亭山，使敬亭山对他也产生了感情，于是才能形成物我浑融的意境效果。那么，此诗也是物我浑融形成的意境使然吗？我们读来主观上的感受，两者是否不同呢？二者的区别究竟何在？原因又何在呢？李白的诗表现的是俊逸文人的超脱自识的情感；王之涣表现的是英雄豪杰的鲸吞万物的情感，这是二者的根本不同点。李白不想占有景境，只想如同恋爱一般依恋着山川美境；王之涣则有一种气吞山河的猛志在诗中涌荡。我们读到白日依着山梁冉冉欲没，黄水东流，似乎见到一直流到了东海的时候，一幅向前伸展着的高天远野的飞动着的风景画展示在我们的面前。景致的辽阔表示着作者心胸的辽阔，同时也开启着读者的广阔的心胸，这是创作与欣赏两方面的效果，读者与作者的心灵交融一处，产生共鸣。诗人以才气表达出来的灵性化作诗中的魅力，这魅力又吸引读者的灵魂，提摄读者的灵性，使之生发，形成共鸣。正如山川水力，积而发电，电能化作光能，照亮了别的山川，这是一样的道理。伟大的诗人就是人类精神理念的发电站。此诗的真正微妙之处还在后半部分。诗人将向前快速飞动的庞大景观（诗人显然看不到黄河入海，但眼前却浮现出入海的黄河，这就是向前飞动着的画面）如同野马一样放奔原野，然后再放出一匹马去追逐它，形成奇效。这后一匹追逐的马便是"欲穷千里目"的那种欲望。因为有了这种欲望，才"更上一层楼"的。"更上一层楼"之后能否看到千里之外并不重要，重要的是这匹追逐的野马是撒开四蹄奔跑出去了。但是重要的又不是诗人的欲望的野马奔驰而出，这只是创作上的问题；重要的是读者心目中那欲望的野马也被引逗着奔驰而出，于是读者顿时觉到一种快感，形成共鸣，这才是欣赏上的问题。创作与欣赏合理，作者与读者心灵撞击，形成火花，这才是艺术。这也就是本诗千秋魅力之所在。我们在读诗的时候要研究这种效果；我们在作诗的时候更要研究这种效果。

然而，此诗的妙处还不仅此而已，我们在研究它的效果时还应进一步看到，此诗还有它的哲理性。这个哲理是显而易见的。从直观看，叫作"站得高看得远"，从道理说，指人有了远大的目光，才能发现更多的真理，才能看到未来的事理。有人说这是将"道理与景物、情事融化得天衣无缝，使读者并不觉得它是在说理，而理自在其中"。这说法当然不能说是没有道理的，但是，这里有一个问题颇值得研究。这里的"理"不是说出来的，是读者从情景交融的意境中悟出来的。换句话说，诗人在作诗之时甚至没有想到表现它的哲理，只是要表达那种追逐无限伸展的景物的情（精神）。至少说来，诗人想没想到要说理也是不重要的，重要的是他想到了抒情。甚而至于，理是读者从中悟出来的。准确些说，这不是"说"理，而是"喻"理。比如，孔子说："逝者如斯夫，不舍昼夜。"他只说流水不断，去而不回，他没有"说"光阴易逝、爱惜时间的道理，这道理不是说的，是"喻"于话中，读者"悟"出来的。这个问题辨别清楚对于创作与欣赏都至关重要。一般人本来不甚注意"说"理与"喻"理的区别，如果一味强调"说"理，则作诗的人必将生硬说教，读诗之人必然索然无味，久而久之，作诗之人也不会作，读诗之人也不会读了，致使整个艺术被搞得庸俗化，其弊害是无穷的。"说理"和"喻理"绝不相同。"说"理之人未必真懂其理，或人云亦云，或生硬说教，即使真懂其理，"说"也违背艺术创作的规律。"喻"理则不然，古今伟大思想家与艺术家往往都是以"喻"的方式传达道理。先秦诸子之作，多是讲一个故事，打一个比方，喻一个道理，使人豁然开朗，而不是像教师一样直接去说。尤其是在艺术作品中，更忌讳这种"说"理的笔法。搞清这个道理，可以避免头脑简单化，可以使作品增强艺术性。

凉 州 词

黄河远上白云间，一片孤城万仞山。
羌笛何须怨杨柳，春风不度玉门关。

　　这是一篇绝妙的小诗。王之涣的大名千秋不衰，就是依赖《登鹳雀楼》与《凉州词》。他的另外四首诗并不怎样被人们注意。唐代出现一种崭新的诗歌形式叫作边塞诗（以前也有边塞诗，但没有像唐代这样形成诗体与诗派），出现了一系列边塞诗人，如岑参、王昌龄、高适、王之涣等。关于边塞诗，本书有专章介绍。

　　对于本诗中"黄河远上白云间"一句，人们经常争论不休，说黄河只能说"下"，怎么能说"上"？于是各种说法出现了。其实，文学作品原不可如此拘泥、咬文嚼字。"黄河远上白云间"，不必追究黄河是向上流还是向下流，这里说的意思不过是说河水流得很远，在天地交际的远方消逝了，

这可不是"上"吗？这景致的开拓，只有七个字，实在是神来之笔。"一片孤城万仞山"又是一幅景致，上一句是远景，此一句是近景。然而，这远景与近景此时都已经注入了"情"，你能看出来是什么"情"吗？原来，唐朝边塞诗多是作者以边塞戍卒的口气作诗，或者作者抒发与戍卒同样的感情：思乡，当然还有别的。此诗远景，是写望家乡而不见；此诗近景，是写戍边城而久居。这就注入了乡情，还有戍卒的其他复杂感情（见下文）。虽然是"一片"，却是"孤城"，而且关键是夹在万仞山谷之中。这与家乡方向的水流无际的（高）原相比，正是两种境界。不过，此诗的妙处还不在前两句，而是在后两句。后两句确是突发奇想，表达了《物我浑融意境深》一文中所说的复杂的感情。羌笛，自然是羌族的笛。羌族是古代生活在甘肃、青海、四川一带的游牧民族，秦汉时称西羌，后代逐渐与汉族及其他民族融合。羌笛：管乐器，双管并在一起，每管各有六个音孔。沈括的《梦溪笔谈》载："笛有雅笛，有羌笛，其形制所始，旧说皆不同。"但不管怎样的旧说不同，羌笛所奏出的调子一般应是粗犷、豪放、凄楚而苍凉的，但是，此间羌笛所奏却是汉家的《折杨柳》的曲调，这就不能不使人感慨万端了。古人离别送行时一般行至郊野之处，折柳枝以留念。故折柳或折杨柳便成了离情的象征。王之涣的另一首诗《送别》写的就是这个内容。诗中写道："杨柳东风树，青青夹御河。近来攀折苦，应为别离多。"《乐府·横吹曲辞·折杨柳歌辞》说："上马不捉鞭，反折杨柳枝……"正是这种习俗。此诗中的"杨柳"是羌笛吹奏出来的《折杨柳》的曲调，这是边塞征戍的汉家儿郎用"羌笛"吹奏出来的家乡的曲调，可以想见这乐曲与乐器是怎样的不相和谐，增重了曲中苍凉的气氛。此诗的最后两句是跳跃式的说法，如果我们将意思补充完整就是这样："这边塞地区从来就是这样凄冷苍凉的，吹奏羌笛的人奏出《折杨柳》的曲调是那样的感情抑郁，似乎是怪罪那曲子哀伤忧惋，但是，这和'杨柳'之曲又有什么关系呢？春风从来就没有吹到玉门关的西北这边来……"这是诗中文句的意思，此外还有隐含的意思："虽然我们希望回到家乡去，那时，《折杨柳》的曲调再听起来势必不是这等味道。但是，我们是在戍边，岂能随便回去呢?"于是，羌笛，你又"何须怨恨"那《折杨柳》的曲调呢?玉门关外从来就是没有春风的地方嘛!前文所说的是此诗的悲，此处说的是此诗的壮，悲而且壮，这是盛唐诗人普遍的思想情绪。

此外，王之涣还有几首诗，让我们略作赏析。

九月送别

蓟庭萧瑟故人稀，何处登高且送归。

今日暂同芳菊酒，明朝应作断蓬飞。

"秋风萧瑟的蓟北，相熟的朋友本来就少，又有谁能登高送我回归故乡呢?今日相会我们便一起饮尽杯中的菊花酒，也许明日你我就像这随风漂泊无定的断蓬一样，不知道飞向何方?"

开元十三年（725）前后，王之涣不愿为了衡水主簿的卑职而折腰，加上有人诬陷攻击，他便愤然辞官而去。开元十八年（730），唐朝政府在蓟北置州，治所在渔阳（今天津市蓟州区）。蓟置州不久，王之涣游历此地，意外和老朋友上官致情相逢，当时上官致情携弟子隐居此地。两人相见，唏叹世事。第二天，王之

涣将辞别好友准备还乡，上官致情也将携弟子远行。这首诗便是在这时写下的。"蓟庭萧瑟故人稀，何处登高且送归。"秋风中的蓟北，草木凋零，在这偏僻之地，自然不会有什么朋友，所以诗人才说故人稀。岂止是故人稀，可能就只有诗中这一位朋友吧！两人异地相逢，本就是意外，但明日又要各赴他乡了，都要离开，那究竟是谁送别谁呢？所谓且送归，可说成同送归吧！"今日暂同芳菊酒，明朝应作断蓬飞。"菊花酒本为亲人、朋友相逢时所饮的酒，今天两人相逢，就一起饮了这酒。王之涣和上官致情当时皆因一些情由而都算作是失意之人，失意人和失意人同饮本是相逢时才饮的酒，酒后的第二天却又要天各一方了，从意外相逢到同饮菊花酒再到明日分别，两人心里都有着一份忧伤，这份忧伤不是几杯菊花酒便化解得开的。

宴　词

> 长堤春水绿悠悠，畎入漳河一道流。
> 莫听声声催去棹，桃溪浅处不胜舟。

　　长堤逶迤，水色碧澄，东风鼓帆，桃花逐波。这首写于宴席上的七绝所展示的，正是一幅色调清丽明快的水彩画。然而，它的主题却是"离愁"。

　　春天万物复苏、生机盎然，可是诗人看到的却是碧澄的河水"悠悠"地流去了。诗人从首句起就试着撩拨读者联想的心弦，一个"绿"字点明"春水"特色，也暗示了诗人一片惜别深情。次句"畎入漳河一道流"（畎音 quǎn，田间小沟），诗人扩大视野，寓情于景，以景抒情，仍以春景唤起人们联想。那夹着田地的涓涓渠水宛如一条细长的飘带，缓缓汇入漳河，一起向远方流去，一望无际的碧野显得非常柔和协调。然而眼前美景却激起诗人的无限忧思，春水仍能跟漳河"一道流"，而诗人却不能与友人同往，感到十分遗憾，想到好景不长，盛筵难再，一缕缕愁思油然而起。由于移情的作用，读者不由自主地和诗人的心绪贴近了。三、四句，诗人一下子从视觉转到听觉和想象上。尽管添愁助恨的棹声紧紧催促，还是不要去理睬它吧。要不然越来越多的离愁别恨一齐载到船上，船儿就会渐渐过"重"，就怕这桃花溪太浅，载不动这满船的离愁啊！诗人以"莫听"这样劝慰的口吻，将许多难以言传的情感蕴含于内，情致委婉动人。诗中以"溪浅"反衬离愁之深，以桃花随溪水漂流的景色寄寓诗人的伤感。至此，通篇没有一个"愁"字，读者却已通过诗中描绘的画面，充分领略诗人的满腹愁绪了。

这首匠心独运的小诗含蓄蕴藉。诗人从"看到的""听到的"，最终写到"想到的"，不直接由字面诉说离愁，令人读之却自然知其言愁，意境深邃，启迪人思，耐人玩味。

送　别

杨柳东风树，青青夹御河。
近来攀折苦，应为别离多。

柳树枝叶纷纷迎着风婆娑舞动着，它们就那样茂盛地垂着，把御河两岸都遮掩满了。这几天柳枝不断地被送别的人折下来，送给远行的朋友。唉！这些柳树想必也和人们一样内心不想分别吧！

离别，对于人们来说是种常情。但这种常情却总能勾动我们的心绪。友人远行，依依惜别。诗人将最后一杯酒一饮而尽，扭转身，催马而去。他走得是那样匆忙，怕是让朋友看到他的泪水早已盈满了眼眶。而诗人的朋友还远远站着，望着诗人远去的方向，手臂还不停地挥着挥着。

唐诗中折柳送别的诗句俯拾即是，如：王维《送元二使安西》："渭城朝雨浥轻尘，客舍青青柳色新。劝君更尽一杯酒，西出阳关无故人。"刘禹锡《别苏州二首》之一："流水阊门外，秋风吹柳条。从来送客处，今日自魂销。"戴叔伦《堤上柳》："垂柳万条丝，春来织别离。行人攀折处，闺妾断肠时。"以上诸诗写的都是离别，其中酸苦，让人读来不觉神伤。

芍药花开壮志空

　　李白一生，有一段市井争传的佳话，人们谈论时总带些赞许与艳羡的情态。这就是李白经终南山道士吴均推荐，被召进京，任供奉翰林的一段经历。市井传说中，这是李白的荣耀，其实正是李白的耻辱。他一生的经邦济世的大志，至此已濒临破灭。唐玄宗的一请一遣，看出中国封建社会压制人才的绝招儿。《全唐诗》164卷，在李白《清平调词三首》前有一段小序，记载道：

　　天宝中，白供奉翰林。禁中初重木芍药，得四本：红、紫、浅红、通白者，移植于兴庆池东沈香亭（一作沉香亭，通假）。会花开，上乘照夜白，太真妃以步辇从。诏选梨园中弟子尤者，得乐一十六色。李龟年以歌擅一时，手捧檀板，押众乐前，欲歌之。上曰："赏名花，对妃子，焉用旧乐词？"遂命龟年持金花笺，宣赐李白。立进《清平调》三章。白承诏，宿酲未解，因援笔赋之，龟年歌之。太真持颇梨七宝杯，酌西凉州葡萄酒，笑领歌词，意甚厚。上因调玉笛以倚曲，每曲徧将换，则迟其声以媚之。太真饮罢，欲绣巾重拜。上自是顾李翰林尤异于（他）学士。

　　李白素来胸怀大志，他相信自己能"申管晏之谈，谋帝王之术，奋其智能，愿为辅弼，使寰区大定，海县清一"（《代寿山答孟少府移文书》）。这一次唐玄宗召见他进京，他以为定能受到皇上的重用，伸展治国平天下的抱负。此番他离家（南陵）西进长安时作诗道："会稽愚妇轻买臣，余亦辞家西入秦。仰天大笑出门去，我辈岂是蓬蒿人。"他相信自己一定像汉代的朱买臣一样，一朝得以伸展抱负，其兴高采烈的心情溢于诗句。然而，唐玄宗并没有给他经邦济世的机会，只是让他留在身边做一个供自己玩乐的弄臣，这自然使他极端失望。当他终于被排挤而离开长安时，他已心灰意冷，而藐视权贵的精神也就更为昂扬了："功名富贵若长在，汉水也应西北流。"这就是李白长安宫中一段生活的实质。

《清平调词三首》是李白任供奉翰林这一弄臣职务时的杰作，诗中浸渍着他那俊逸的才华。其诗曰：

云想衣裳花想容，
春风拂槛露华浓。
若非群玉山头见，
会向瑶台月下逢。

一枝红艳露凝香，
云雨巫山枉断肠。
借问汉宫谁得似？
可怜飞燕倚新妆。

名花倾国两相欢，
长得君王带笑看。
解释春风无限恨，
沉香亭北倚阑干。

此诗落笔七字，便是神来之笔。"云想衣裳花想容"一句诗的意蕴、才气均使人震惊。一个"想"字写活了情、境、意、神。见云而想到衣（霓裳羽衣舞之衣饰），见花而想到貌（贵妃之貌）；见衣而想到云，见貌而想到花。这都是一个意思。这就是我们后文所说的意境（见《物我浑融意境深》一章）。总之是人与物浑然一体。这种创作方法（创设意境之法）简单说成比喻（修辞方法）是不恰当的。下句的"春风拂槛"照应衣与云，有"风吹仙袂飘飘举"（见《长恨歌》）之感。春风吹拂栏杆而入，飘衣与飘云一样；"露华浓"照应"花"与"容"，露珠润物而生，润花与润容也一样，这是怎样才华横溢的诗句啊！总而言之，写的是杨贵妃的美。这种描写给那些没有见过杨贵妃的读者以无限的想象空间；在这想象空间里，无论你怎样想象，也想象不出杨贵妃是怎样一副芳容，这就是艺术。如果把她拍成电影，找到一个"芳容"来扮演她，那么，无论这"芳容"怎样的"芳"，也不是"她"的"正身"，这倒不是演员的才华不高，而是破坏了人们头脑中的那一片想象的空间。鲁迅先生极力反对将他的《阿Q正传》拍成电影，这便是其中的一个原因。诗人李白为了烘托杨贵妃的美丽，又用浪漫主义笔调渲染两句：这样的芳容，如果不是在群玉山头遇到，那就一定在瑶台的月下相逢！诗人故作糊涂，到两处仙境去寻找，如同真事儿一般。总之，你在人间是找不到这样的美人儿的。难怪唐玄宗"自是顾李翰林尤异于（其他）学士"，这样的吹捧怎能不使他美滋滋的呢？

第二首开头一句承前句的"露华浓"。"云雨巫山枉断肠"一句，无论李白有意无意，却实在具有讽喻的意思。"云雨巫山"是宋玉所作《高唐赋》与《神女赋》中的典故。历代文人都知道，宋玉两篇赋是讽喻楚王的。李白岂能不知道这层意思？其实，唐玄宗也未必品不出这种味道，只是李白也无恶意，唐玄宗又是个明白人，因为古人说"讽"，不是讽刺，是规劝、讽谏的意思。后两句是以汉代那位可以在手托着的水晶盘上跳舞的体轻如燕的赵飞燕作比，赞扬杨贵妃的美丽。但这中间后来竟出了点儿蹊跷。赵飞燕的特点是瘦，杨贵妃的特点是胖，这就给高力士进谗言留了些"口实"。高力士因李白作诗时让他给脱靴（同时杨贵妃磨砚）而记恨在心，说李白是以赵飞燕的体态苗条讽刺杨贵妃的肥胖，这种无稽之谈居然也使李白受到伤害，可见李白在宫中的实际地位。

最后一首是结。"名花倾国"总结前文所说的情景，即"赏名花，对妃子"的情境。汉代宫廷音乐家李延年作诗曰："北方有佳人，绝世而独立。一顾倾人城，再顾倾人国。宁不知倾城与倾国，佳人难再得。"而李延年的"倾城""倾国"的说法实际上是从《诗经》中来的，所谓"哲夫成城，哲妇倾城"。（《诗经·大雅·瞻卬》）意思是说：聪明的男子创建国家，聪明的女子败坏国家。所以，如果我们只把此三首诗看作诗人吹捧杨贵妃的"倾国倾城之貌"，那就偏颇了。其实，这"倾国倾城"便有讽喻的意思。这才是李白这三首诗的积极意义。如果一个君王，总是"带着笑"去"看"那"名花"与"倾国"，那么，这"国"不"倾"才怪呢？历史证明，安史之乱不到十年就发生了，人民又一次被推到水深火热之中。这种"春风无限恨"是无法"解"也无法"释"的。

物我浑融意境深

　　才华卓异、神采飞扬的唐代大诗人李白，有一篇绝妙的小诗，叫作——

独坐敬亭山

众鸟高飞尽，孤云独去闲。
相看两不厌，只有敬亭山。

多么精彩的诗篇，你能体会这首小诗里的意蕴吗？如果你学会了品味这一首小诗的意境，那么，你在诗的王国里就拓开了一片天地。这虽然是不甚容易的，却也是颇有价值的。

为了有助于理解这首小诗的奥妙，我们先谈一点有关的知识。

什么是诗？一般人理解的诗多不是诗的本质。美国学者埃里希·弗洛姆以为，人类的语言（包括所有国家的语言）本身都是非常贫乏的。人间的复杂的事物，世界的深奥的哲理，人生的微妙的感情，都不是人类的语言所能表述的。在弗洛姆看来，要想表述这复杂的事物，深奥的哲理和微妙的感情，只有诗。在这个意义上理解的诗，才是真正的诗。一般的诗，押韵、分行，只有诗的形式而没有诗的味道。什么叫诗味？诗好比酒与茶，需要品味。好酒，不是会喝酒的人都能品出来的；好诗，也不是会读诗的人都能悟出诗味来的。与李白这首诗相照应的读诗技能，我们要谈一种诗的质的要素：意境。

意境是抒情诗的一种高妙的创作成果。意，就是情；境，就是景。笼统地说，意境就是情景的交融。但实际上意境并不是那样简单的。意，是注入到客观事物中去的感情；境，是注入了主观色彩的景物。这是另一种感情，另一种景物。花，在花园中是景物，但在杜甫的诗中，"感时花溅泪"，有感于时代的动乱而竟然溅出泪来的花，就不是客观的景物，乃是注入了诗人的感情的景物。愁，是一种感情，而秦观的《浣溪沙》中的"无边丝雨细如愁"的"愁"字，就是注入到客观景物中的感情了。可见，意境与语文教师讲评作文时所说的"情景交融"，从本质上说，压根儿就不是一回事。这种意与境的交融只有到了浑然一体的程度，才算是意境的形成，达到一种"心凝形释，物我两忘：不知何者为我，何者为物"（梁宗岱《象征主义》）的程度，才算是完美的意境，才是好的抒情诗，才有"诗味"。这种诗的意境，欧洲人称之为"情趣与意象的契合"（朱光潜《论诗的境界——意象与情趣的契合》）。实际上这都是一个意思。

现在，我们再回头品味李白的小诗，你大约就能品出味道来了。诗中写了鸟和云，但请注意，这不是景物，景物只是敬亭山，因为这"鸟"是"高飞"而起，而且是消逝在青空里的（尽）"鸟"；这云，是孤独一朵，慢慢向远方飘去，悠闲自在，再也看不见片影的"云"。这高飞而尽的鸟与这孤闲独去的云，都是扰乱作者视线的东西。作者为了凝神细看敬亭山，如同剥衣衫一样，将遮挡视线的东西一层层剥去，终于，眼前只剩下敬亭山了。然而，眼前剩下的这敬亭山是一座什么样的山呢？是一座与我（作者）"相看两不厌"的敬亭山。"相看两不厌"的意思是作者看敬亭山不厌（看不够）；奇妙的是敬亭山看作者也不厌（也看不够），这就是意境的生发。诗人的特质是感情饱满。饱满到什么程度呢？饱满到他写什么都可以把感情注入到里面去的程度。诗人要写日月星云，那么日月星云无不带着感情；诗人要写山川草木，那么山川草木也饱含着感情。此时的敬亭山，已经浸透了诗人李白注入到它身上的感情。这种感情又是一种什么感情呢？这又是一个复杂的问题。一般说来，这要看作者当时的感情是怎样的。同写长江，苏轼注入的感情是豪放的，这就是"乱石穿空，惊涛拍岸，卷起千堆雪"；李煜注入到的感情就是哀怨的，那便是"问君能有几多愁，恰似一江春水向东流"。那么，此时诗人李白注入到敬亭山上的感情是什么样的呢？这虽也是个难以尽述的问题，却也可以描摹一个大概的轮廓。那就是李白心灵中包藏的感受："古来圣贤皆寂寞"的那种狂傲不羁，孤芳自赏、不从俗流、鄙弃权贵、纵情山水的那种复杂的感情。一般评论家说这是一种拟人手法，这是不确切的。拟人手法是一种修辞方法，这里倒有点类似象征主义（严格说也不确切）手法，其实是一种创作方法。准确来说，是一种创设意境的创作方法。此时，李白已从长安被驱逐出来十年了，他对山水的眷恋只是由于对官场的鄙弃，这才是他的情感的根源。

长空日月奇交并

　　李白与杜甫是我国文化史上的两位伟人。他们的作品就像屈原的诗中所说，可以"与天地兮同寿，与日月兮齐光"。然而，巧合的是他们又同时生存在一个时代。李白生于武则天长安元年（701）；杜甫生于唐玄宗先天元年（712）。李白比杜甫大 11 岁。更为巧合的是两位伟大诗人又是终生的莫逆之友。李白与杜甫第一次见面是在天宝三年（744），地点是在洛阳。

　　李白与杜甫既然是诗友，当然免不了诗歌酬唱。在杜甫今存的众多首诗作中，写李白的就有 10 多首；怀念友人或与友人唱和其中包含李白的诗作就无法统计了。李白写关于杜甫的诗虽少，但其感情之深沉，语调之幽默，实在给人以逼真之感。

　　请看，杜甫笔下的李白：

秋来相顾尚飘蓬，未就丹砂愧葛洪。

痛饮狂歌空度日，飞扬跋扈为谁雄？

——《赠李白》

　　李白的潇洒飘逸，仙风道骨；李白的狂饮狂歌，桀骜不驯的神态，跃然纸上。

再请看李白的醉酒之态：

> 李白斗酒诗百篇，长安市上酒家眠。
>
> 天子呼来不上船，自称臣是酒中仙。

——《饮中八仙歌》

"天子呼来不上船"一句，看出李白何等狂傲的性格；"自称臣是酒中仙"，又显得何等率真可爱！

杜甫的《寄李十二白二十韵》的开头几句写道：

> 昔年有狂客，号尔谪仙人。
>
> 笔落惊风雨，诗成泣鬼神。
>
> 声名从此大，汩没一朝伸。
>
> ……

这真是李白神貌的活脱脱的写真。李白第一次入长安，才30岁，李白拿出他的力作《蜀道难》来，呈给自称"四明狂客"的大诗人贺知章。贺知章尚未读完，便"称叹者数四，号为谪仙"。李白的李谪仙的雅号就此流传开来。贺知章当即解下身上佩戴的"金龟"换酒，与他喝得大醉……（事见孟棨《本事诗·高逸第三》）

可见李白与杜甫的友谊是何等深厚。诚如杜甫诗中所说："醉眠秋共被，携手日同行。"如同兄弟一般，亲密无间。李白参加了永王李璘的叛乱，被流放夜郎。杜甫此时远在秦州，消息断绝，忧心如缕，作诗道：

> 凉风起天末，君子意如何？
>
> 鸿雁几时到？江湖秋水多。
>
> 文章憎命达，魑魅喜人过。
>
> 应共冤魂语，投诗赠汨罗？

——《天末怀李白》

杜甫担心李白此时的情绪如何，能否禁得住这样沉重的打击！盼着他的书信（鸿雁）的到来。虽然杜甫明白作为诗人命运太好了可能写不出好的作品，如同魑魅喜欢人犯错误一样，它可以从中作祟。末句想象李白倘经过汨罗江一定要把诗稿投入水中，以求与屈子的冤魂诉说一下心里的委屈。

杜甫最后一首写李白的诗标题叫作《不见》。诗题下原注云"近无李白消息"。据郭沫若推算,这诗是李白死后第二年——广德元年(763)所作的:

不见李生久,佯狂真可哀。

世人皆欲杀,吾意独怜才。

敏捷诗千首,飘零酒一杯。

匡山读书处,头白好归来。

从"世人皆欲杀,吾意独怜才"二句看,才华横溢的李白在当时嫉妒成性的文人堆中处境何等凶险。"飘零酒一杯"正是李白晚年生活的真实写照。

李白写给杜甫的诗多是即兴之作,这里不多作引述了。

三吏三别见忧心

　　此题所谓"三吏""三别"是指杜甫的六首诗，即"三吏"：《新安吏》《石壕吏》《潼关吏》；"三别"：《新婚别》《垂老别》《无家别》。这是杜甫的现实主义伟大诗作，是唐代安史之乱时期唐代社会的真实写照，是他的忧民忧国忧天下的伟大心灵的直接抒发。

　　"三吏""三别"是杜甫第二次从都城长安左拾遗任上被贬为华州司功参军的路上，从洛阳到华州这段途中所写。这一年是乾元二年（759）春。此时安史之乱已经发生4年了，4年的战乱中作者也久经磨难，于是沿途见到的悲惨景况既是生活中的典型事物又是作者所深深感觉到的。这种主、客观两方面的原因是作者这一类现实主义诗篇取得辉煌成果的前提。古人说"国家不幸诗人幸"，说的正是这个道理。

新 安 吏

客行新安道，喧呼闻点兵。
借问新安吏："县小更无丁？"
"府帖昨夜下，次选中男行。"
"中男绝短小，何以守王城？"
肥男有母送，瘦男独伶俜。
白水暮东流，青山犹哭声。
"莫自使眼枯，收汝泪纵横。
眼枯即见骨，天地终无情！
我军取相州，日夕望其平。

岂意贼难料，归军星散营。
就粮近故垒，练卒依旧京。
掘壕不到水，牧马役亦轻。
况乃王师顺，抚养甚分明。
送行勿泣血，仆射如父兄。"

　　诗人自称"客"，于新安道上见到"点兵"的场景，便问新安吏道："难道因为地方太小，再也没有壮丁了吗?"此句在《全唐诗》有注："天宝三年制，百姓年十八为中男。"相对而言，年二十二为丁。新安吏答道："这是'府帖'规定的选中男，上司有文书，与我无干。"作者又问："中男如此弱小，怎么守住王城（指东都洛阳）呢?"新安吏再也不说什么了。他只是完成上司的命令，别的与他无关。下面是作者看到的：胖一些的"中男"还有母亲相送，瘦的只有只身启程。此时作者点染两笔景物，境界全出：白水夜间东流去，青山处处有哭声。这里可以看出，叙事诗的景物描写有何等神奇的效果。有的版本是"青山闻哭声"，这"闻"与"犹"效果迥然不同。"闻"指哭的当时；"犹"指哭罢之后。这里写的是"中男们"均已远去，作者耳边犹听到青山里传来的哭声。是现在的哭声从远处传来了呢，还是刚才的哭声"犹"萦绕在作者的耳边呢? 恐怕是后者更为恰切，体现了诗人与人民心心相印的伟大思想。下半部分是诗人劝慰"中男们"的话。意思不过是说，收起泪水，莫使眼睛哭（枯）干，再枯干就见到骨头了！天地能怜悯你们吗？我军夺取相州（今河南省南阳市）是一朝一夕的事情。前次只是由于贼兵太诡诈，官军才败下来。这是委婉的说法，实际上此次失败是昏庸多疑的唐肃宗派宦官鱼朝恩监军的结果。《全唐诗》注曰："……军无统帅，且乏食……官军溃。"可见是鱼朝恩干扰了郭子仪的指挥。作者又说：现在，粮食足了，背靠东都，军营中"掘壕不到水"，各种劳作不至于累坏了你们。况且官军是名正言顺的正义之师，军中的待遇很好，更重要的是仆射郭子仪如同士兵们的父兄一般。

石 壕 吏

暮投石壕村，有吏夜捉人。
老翁逾墙走，老妇出门看。
吏呼一何怒！妇啼一何苦！
听妇前致词："三男邺城戍。
一男附书至，二男新战死。
存者且偷生，死者长已矣。
室中更无人，唯有乳下孙。
有孙母未去，出入无完裙。
老妪力虽衰，请从吏夜归。
急应河阳役，犹得备晨炊。"
夜久语声绝，如闻泣幽咽。
天明登前途，独与老翁别。

　　诗的首句开门见山，一语入境。诗人"暮投石壕村"，不久，便见到"有吏夜捉人"。一个"捉"字，可见其征兵的野蛮。老翁立即跳墙而逃，说明早有准备，说明天天抓兵，时时提防，看出时代的动乱。全诗主体是老妇的独白。三个儿子参加邺城之役，一个回信，说另外两个儿子已战死。老人吸一口气，叹道："活着的还得对付活下去，死了的也就永远完了。"战乱的残酷，人民的灾难，诗人借"老妇"之口，一语让人唏嘘，感人肺腑。下边，老妇在悲苦的心情中还要保护另外两个人：老翁与儿媳。"室中更无人"是说再无男子了，是在保护老翁；为了保住儿媳与孙子，她挺身而出——而吏役也居然毫不客气地将老妇带走，他不考虑别的，只要有个人能向上司交差就行了。诗尾的"如闻泣幽咽"，是儿媳在暗处抽泣呢，还是老妇的哭泣声在作者耳边萦绕呢？两者都可解通，此类问题不必过分拘泥。"独与老翁别"一句，实实在在告诉我们，老妇是千真万确被抓走了。

潼 关 吏

士卒何草草，筑城潼关道。

大城铁不如，小城万丈余。

借问潼关吏："修关还备胡？"

要我下马行，为我指山隅：

"连云列战格，飞鸟不能逾。

胡来但自守，岂复忧西都。

丈人视要处，窄狭容单车。

艰难奋长戟，万古用一夫。"

"哀哉桃林战，百万化为鱼。

请嘱防关将，慎勿学哥舒！"

　　乾元二年（759）春，唐军在相州（治所在今河南省安阳市）大败，安史叛军乘势进逼洛阳。如果洛阳再次失陷，叛军必将西攻长安，那么作为长安和关中地区屏障的潼关势必有一场恶战。杜甫经过这里时，刚好看到了紧张的备战气氛。开头四句可以说是对筑城的士兵和潼关关防的总写。漫漫潼关道上，无数的士卒在辛勤地修筑工事。"草草"，劳苦的样子。前面加一"何"字，更流露出诗人无限赞叹的心情。放眼四望，沿着起伏的山势而筑的大小城墙，既高峻又牢固，显示出一种威武的雄姿。这里大城小城应作互文来理解。一开篇杜甫就用简括的诗笔写出唐军加紧修筑潼关所给予他的总印象。

　　"借问潼关吏：'修关还备胡？'"这两句引出了"潼关吏"。胡，即指安史叛军。"修关"何为，其实杜甫是不须问而自明的。这里故意发问，而且又有一个"还"字，暗暗带出了三年前潼关曾经失守一事，从而引起人们对这次潼关防卫效能的关心与悬念。这对于开拓下文，是带关键性的一笔。

接下来，应该是潼关吏的回答了。可是他似乎并不急于作答，却"要（yāo邀）我下马行，为我指山隅"。从结构上看，这是在两段对话中插入一段叙述，笔姿无呆滞之感。然而，更主要的是这两句暗承了"修关还备胡"。杜甫不是忧心忡忡吗？而那位潼关吏看来对所筑工事充满了信心。他可能以为这个问题不必靠解释，口说不足为信，还是请下马来细细看一下吧。下面八句，都是潼关吏的话，他首先指看高耸的山峦说："瞧，那层层战栅，高接云天，连鸟也难以飞越。敌兵来了，只要坚决自守，何须再担心长安的安危呢！"语调轻松而自豪，可以想象，关吏说话时因富有信心而表现出的神采。他又兴致勃勃地邀请杜甫察看最险要处：老丈，您看那山口要冲，狭窄得只能容单车通过。真是一夫当关，万夫莫开。这八句，"神情声口俱活"（浦起龙《读杜心解》），不只是关吏简单的介绍，更主要的是表现了一种"胡来但自守"的决心和"艰难奋长戟"的气概。而这虽然是通过关吏之口讲出来的，却反映了守关将士昂扬的斗志。

紧接关吏的话头，诗人却没有赞语，而是一番深深的感慨。为什么呢？因为诗人并没有忘记"前车之覆"。桃林，即桃林塞，指河南省灵宝市以西至潼关一带地方。三年前，占据了洛阳的安禄山派兵攻打潼关，当时守将哥舒翰本拟坚守，但为杨国忠所疑忌。在杨国忠的怂恿下，唐玄宗派宦官至潼关督战。哥舒翰不得已领兵出战，结果全军覆没，许多将士被淹死在黄河里。睹今思昔，杜甫余哀未尽，深深觉得要特别注意吸取上次失败的教训，避免重蹈覆辙。"请嘱防关将，慎勿学哥舒！""慎"字意味深长，它并非简单地指责哥舒翰的无能或失策，而是深刻地触及了多方面的历史教训，表现了诗人久久难以消磨的沉痛悲愤之感。

"三吏"三篇诗，篇篇有不同。选材、表述、语气各不相同。即以一个小事情看，三个"吏"对作者的态度就均不相同。"石壕吏"与作者根本没见面、没对话；"新安吏"对作者态度冷淡；"潼关吏"对作者却颇为热情。本篇的内容侧重谈论战争的形势，更多地体现了作者对战事的关心。这一点也足可以看出作者的匠心。

新 婚 别

兔丝附蓬麻，引蔓故不长。

嫁女与征夫，不如弃路旁。

结发为君妻，席不暖君床。

暮婚晨告别，无乃太匆忙！

君行虽不远，守边赴河阳。

妾身未分明，何以拜姑嫜？

父母养我时，日夜令我藏。

生女有所归，鸡狗亦得将。

君今往死地，沉痛迫中肠。

誓欲随君去，形势反苍黄。

勿为新婚念，努力事戎行！

妇人在军中，兵气恐不扬。

自嗟贫家女，久致罗襦裳。

罗襦不复施，对君洗红妆。

仰视百鸟飞，大小必双翔。

人事多错迕，与君永相望！

这是一篇新婚妻子对郎君的"诀别词"，凄婉、温柔、明快，这是一个大义凛然的少女。此诗开篇设一比喻（注意：这个是比喻而不是创设的意境，对照前文可知），吐露出"嫁女与征夫"的悲惨命运，表述出时代的悲剧气氛。然后，用一个句子点题："暮婚晨告别，无乃太匆忙！"这实在是悲惨的时代的一对可怜的夫妻。但是这个时代哪一对夫妻不是如此呢？到头来归根结底还是扣到时代上，这才是大诗人的

气度。"君行虽不远，守边赴河阳"，这一句表面看此次离别不是远别，但实际上这一句更令人心酸。这一句有两个意思：一是河阳之役打得空前惨烈，回归的可能性很小；二是河阳已成为敌占区，也就是说，战线已逼临此地，亲人永逝，家乡不保，国事难言。而这些似乎眼前还顾不到，迫在眉睫的事情是古时的婚俗新娘必须三天以后才能拜家庙，祭祖坟，然后才能拜见姑嫜（公婆），而这个新娘第二天丈夫出行，如何见公婆呢？不见公婆则不能确定自己的名分，实在是桩难事。下面是少妇无可奈何的话，也是她的真情吐露："生女有所归，鸡狗亦得将。"这话正与我们今天说的"嫁鸡随鸡，嫁狗随狗"是一种语气，但这却是在安慰丈夫，令他放心，不要惦记家中之事。故而下面笔锋一转，写"君今往死地，沉痛迫中肠"，接下去是一句最为深明大义的诗句："勿为新婚念，努力事戎行！"这句诗中跳动着诗人的心。封建时代任何一位伟大诗人都面临着一种矛盾：忧民与忧国（还有忧君）的矛盾。热爱人民，但国家的任何灾难都落在人民的肩上；反过来说，也只有人民能担得起这些灾难而使国家渡过难关。诗人借助新婚少妇的口把这个复杂的道理说出，我们尤可感到人民的伟大。诗的结尾，新妇脱去新衣，洗去红妆，表示"与君永相望"，温柔而坚贞的态度感人。

垂老别

四郊未宁静，垂老不得安。

子孙阵亡尽，焉用身独完！

投杖出门去，同行为辛酸。

幸有牙齿存，所悲骨髓干。

男儿既介胄，长揖别上官。

老妻卧路啼，岁暮衣裳单。

孰知是死别，且复伤其寒。

此去必不归，还闻劝加餐。

土门壁甚坚，杏园度亦难。

势异邺城下，纵死时犹宽。

人生有离合，岂择衰盛端！

忆昔少壮日，迟回竟长叹。

万国尽征戍，烽火被冈峦。

积尸草木腥，流血川原丹。

何乡为乐土？安敢尚盘桓！

弃绝蓬室居，塌然摧肺肝。

　　伟大作家笔下的人物，倘是在灾难年代，悲惨的命运都是一样的，悲惨的情况却是不同的。如果将此诗与《石壕吏》加以对比研究，则正有相映生辉的艺术效果。《石壕吏》里有一位老妇挺身而出，保护丈夫，自行赴难；而我们与老翁倒一直未得见面，因为他一开始就"逾墙走"了。《垂老别》中有一个慷慨赴难，悲壮一死的"老翁"，却又出现了一个悲悲泣泣的"老妻"。然而，两对老夫妻情形是如此的不同，其命运都足以使读者潸然泪下。本诗开头四句便拖出一个命运绝望的老人。"子孙阵亡尽，焉用身独完！"这样的人还有生离死别的惨剧吗？待到"老妻卧路啼"一句出现，读者的心马上抽紧，猛然间又见到了生离死别的惨剧——让我们不能不叹服作者选材布局的高明手法。在此中间，诗人用寥寥几笔，描述出老人的悲壮性格。"投杖出门"看出他临危不惧的胆略。"幸有牙齿存，所悲骨髓干"一句，深刻地揭露出统治阶级的罪恶。平时，他们榨干了人民的骨髓，供自己可以纸醉金迷地享受；战时，他们把这些骨瘦如柴的人驱上战场，为他们卖命。前文提到杜甫忧民与忧国的矛盾，从此诗看，我们的诗人还是站在劳动人民的一边，与人民心连心的——只有这样心连心，才能写出"朱门酒肉臭，路有冻死骨"这样伟大的诗篇的。

本诗最令人辛酸的是老夫妻离别时的可怜的互相劝慰：本知道是死别，老翁却还担心老妻的寒冷；老妻本知道老翁必不能归，却还劝他加餐。老翁又劝老妻不要惦记，理由是：土门的防线还很坚固，敌人难以越过黄河上杏园这个渡口；此地与邺城不同，即便必死，也可缓些时日……"人生有离合，岂择衰盛端"更是无可奈何的劝慰之言了。但是，抬头望见前路，毕竟是吉凶难卜，此时思绪烦乱，却对"老妻"说："年青时我晚回来一会儿你都要长声叹息，可是今日……（这话是变相回顾夫妻的恩爱）"如今天下到处征战，烽火烧遍了山冈；草木丛中散发着尸体的恶臭，百姓的鲜血染红了广阔的山川……此时老夫妻又如何还能再劝慰对方呢？人生到了无言的时候才算悲痛到了极点："塌然摧肺肝！"

无　家　别

寂寞天宝后，园庐但蒿藜。
我里百余家，世乱各东西。
存者无消息，死者为尘泥。
贱子因阵败，归来寻旧蹊。
久行见空巷，日瘦气惨凄。
但对狐与狸，竖毛怒我啼。
四邻何所有，一二老寡妻。
宿鸟恋本枝，安辞且穷栖。
方春独荷锄，日暮还灌畦。
县吏知我至，召令习鼓鞞。
虽从本州役，内顾无所携。
近行止一身，远去终转迷。
家乡既荡尽，远近理亦齐。
永痛长病母，五年委沟溪。
生我不得力，终身两酸嘶。
人生无家别，何以为蒸黎！

前文《垂老别》分析老夫老妻离别的痛苦，说如果如诗的前半部分写的，老人无牵无挂，慷慨赴难，岂不痛快！这篇诗中果然出现了一位"无家"可"别"的无牵无挂的孤身汉子，那么他的痛苦可以少一些吗？恰恰相反，他的痛苦更加沉重，孤独是最为难以忍耐的痛苦。他连一个相依为命的人也没有——可见，人民的痛苦形式不同，其痛苦本身都是一样的。

此诗的开头八句，大开大阖，已把读者引入今昔剧变的沧桑意念中去。"寂寞"二字形容"天宝后"，极为逼真。民生凋敝，社会荒凉的景象兀然而出。这里是百余家的村落，现在只见蒿藜（野草）了。"存者"既"无消息"，如何与"死者"区别？而"我"返回家乡，又是奇而巧之的事情。因为军队"阵败"，"阵"已既无，"官"自不见，无人再管，才得回乡。事情何等蹊跷。然而出"我"所料，归来"旧蹊（路）"竟然需要"寻"，可见变化之大了。见到的是狐狸，竟然竖起毛来对"我"啼叫：奇怪！倒好像我闯进了它们的家园！然而，这"家园"现在还是我的吗？然而，这"家园"难道不是它们的吗？好不容易见到一两位老寡妇，自然要谈些情况——至于谈什么，让人们去想吧！我不愿复述这些，反正没有好事情。接着，这位汉子竟然"荷锄、灌畦"起来，难道还要过日子吗？既然无家可归，在哪里都是一样，何不在家乡呢——"宿鸟恋本枝"嘛！但也正因如此，后来却又让官府抓走了。此是后话。此时他的"荷锄、灌畦"还有一种微妙的心理，万不可忽略过去——这是他多年梦中所寻求的呀！现在，虽然家中空无一人，他也要体验一下家乡耕种的这种生活情趣。接下去写"县吏知我至"，"我"又被抓走。此时心境更复杂：行役在本州，我也无物可带；倘不在本州，我有物可带吗？既然当了兵，岂知何日就要远行，那么，"家乡既荡尽"，对我来说，远点近点又有什么不同呢？这个家乡已成为狐狸的家乡，还有什么值得我留恋的呢？要说留恋，只有母亲的尸骨，而母亲的尸骨在哪里呢？行文及此，又到了无话可说的境地了。最后，作者借征夫的口吻说一句至彻至悟的话，足以供统治者沉思一阵的：霍松林先生引用蒲起龙《读杜心解》中的质问是：

"何以为民上？"他解释道："把百姓逼到没法做百姓的境地，（你们）又怎样做百姓的主子呢？"

杜甫高于一般诗人之处，主要在于他无论叙事抒情，都能做到立足生活，直入人心，剖精析微，探骊得珠，通过个别反映，准确传神地表现出来他那个时代的社会真实性，概括劳苦人民包括诗人自己的无穷辛酸和灾难。他的诗博得"诗史"的美称决不是偶然。

诗情画意两超然

　　题画诗是中国传统诗词的一个门类。中国传统书画艺术讲究诗、书、画、印"四绝"，即一幅宣纸或丝绢上，要有画，要题字，要题诗，要钤（qián）印，称为"四绝"。尤其讲究是自己作画，自己作诗，自己书写，自己刻章，这才是"四绝"的全才。画家作一幅画没有题诗，今日已司空见惯，在古人是不常见的。题画诗有各种各样的写法，有的是画的注脚，有的是画的评定，有的是画的赞语，这都是一般比较呆板的题画诗。好的题画诗要求诗与画相辅相成，相补相生，诗情画意，相得益彰，这才是好的题画诗。什么叫相得益彰？绘画是视觉的艺术，听觉与味觉的感受绘画是难以表达的，但可用诗来补助。同样，诗是语言的艺术，写得再生动也不如画的真实，所以诗的可感性由画来补助。例如：徐悲鸿笔下的一匹马引颈长鸣，看不出思想性。他只题一句诗："临风思战场。"在那个时代就有了抗日报国的思想了。这种诗情画意相映生辉的效果就叫作相得益彰。下面我们分析几首题画诗，可见其几种风格。

画 鹰

杜 甫

素练风霜起，苍鹰画作殊。

㧦身思狡兔，侧目似愁胡。

绦镟光堪摘，轩楹势可呼。

何当击凡鸟，毛血洒平芜。

　　首联写这幅苍鹰的画作得太不一般，冷眼看去仿佛白色的丝绢（指画布）上起了风霜一般，使人毛骨悚然。颔联与颈联直接描写画上的鹰。"㩳（sǒng）身"就是竦身，思考着如何对付狡猾的兔子；"侧目"指侧目而视，"愁胡"二字原指胡人的眼睛凹陷得很深，好似悲愁的样子，此处指鹰眼。这两句就是诗画相生，画上的鹰画得栩栩如生，这里专门描写鹰的神态，正是传神之笔。"绦"（tāo）是系鹰的绳子，"镟"（xuàn）是转轴，"轩楹"是廊与柱，挂画的地方，"光堪摘"与"势可呼"写鹰的跃跃欲试的姿态，"摘"与"呼"的主体均是鹰。"何当"是何时能够，"击凡鸟"是击杀凡鸟，"洒平芜"是将"血与毛"洒在平坦的原野上。前人以为"凡鸟"象征庸人，指庸人误国，故而表达出作者思发奋起、疾恶如仇的少年襟怀。请问：画面上能表达出这样深沉复杂的思想感情吗？显然不能，只有用诗补助之，才能收到诗画相生的效果。而且请注意，离开了画，它仍然是一首完整的诗。

画 松

景 云

画松一似真松树，且待寻思记得无？
曾在天台山上见，石桥南畔第三株。

这是一篇构思奇绝的题画诗，作者是盛唐时代的一位僧人。诗中写道："这画上的松树完全像一棵真的松树啊！让我暂且想一想我还记得这棵松树不？哦！我曾经在天台山上见过它，石桥南畔的第三株松树，就是它！"这首诗的内容是称赞这幅画画得逼真，如同真的一样。前文述及，赞画是唐代较为流行的一种比较板滞的题画诗。但是，这首诗的特点是它赞得真实，有理有据，指证真实，就是"石桥南畔第三株"的那一棵树。这首题画诗之所以脍炙人口，因为它的评论与创作一样在于"似与不似"之间。绘画讲究绘物与实物"既似又不似"，处在"似与不似"之间，方是妙品。诗人指出的"石桥南畔第三株"也在"似与不似"之间，正与创作画作的艺术构思相合应，形成一种诗画相应相成的艺术妙境。

画　石

刘　商

苍藓千年粉绘传，坚贞一片色犹全。

那知忽遇非常用，不把分铢补上天！

这首诗的开头两句有人说是倒文，是"千年苍藓"与"一片坚贞"的倒文，这倒未尝不可。其实，这两句是互文，我们不妨把两句略作改动将其看成："千年苍藓色犹全，一片坚贞粉绘传。"意思与原诗一样。此二句的意思是说："这一方'一片坚贞'的石头，上面生着千年的苍藓用粉绘全都表现出来了，画上的颜色与石上的颜色一样（齐全）。"总之，是写石头绘画的画面内容与颜色的。这首诗奇绝的构思，即诗画相生的效果在后半部分。后两句的字面意思是："哪里知道这块石头却突然遇到非常的用途，于是它就不把自己的一分一铢用于补天了。"有人解释（见《唐诗鉴赏辞典》）说："就石来说，其'非常之用'，即不同寻常的用途，便是'补天'了。""补天"是古代神话传说中的"女娲补天"的故事。说当年"天倾西北"，"地陷东南"，女娲炼出五彩之石以补天。后来人们把治理朝纲和整饬乾坤的事业称作"补天"。《红楼梦》中变成贾宝玉的那一块石头便是"无才可去补苍天"的叛逆者。但这首诗中所说的"非常用"并非指补天，而是指被画家拿来作了"画本"（绘画之所本），于是才不把一分一铢（分与铢皆是重量单位）用来补苍天之用。前边说的是"那知"，是"哪里知道"，又说"忽遇"非常之用，忽遇是正遇，只是"突然"了一些，怎能说"遇此'补天'机会，却分铢不能得用"（见《唐诗鉴赏辞典》）呢？这里分明说的是"不把"，"不把"与"不能"显然不同。"不把"是不想去补天；"不能"是想去补天而人家不让去。二者不能混淆。这首诗表达的是作者对官场的厌恶（要想补天首先须做官）。现在我们回到题画诗上来，这种对官场的厌烦情绪，靠画面上的石头怎能表达出来呢？要想表达，只有题诗。这就是诗画相生的艺术效果。

金 陵 图

韦 庄

谁谓伤心画不成？画人心遂世人情。

君看六幅南朝事，老木寒云满故城。

金陵（今江苏省南京市）是六朝古都，即东吴、东晋、南朝宋、南朝齐、南朝梁、南朝陈的故都。古人说金粉南朝，指六朝大抵都是在歌舞奢靡中灭亡的。那么，有人画一幅《金陵图》，这画面中如何表现歌弦舞袖，败国亡家的内容呢？显然不能，那么，诗人就题了一首诗表现这个内容。

首句"谁谓伤心画不成?"出现突然,怎么突然冒出这么一句呢?原来它是接续高蟾另一首诗的意思而来。《全唐诗》卷六百六十八有高蟾的《金陵晚望》:"曾伴浮云归(一作悲)晚翠,犹(一作旋)陪落日泛秋声。世间无限丹青手,一片伤心画不成。"诗中意思是说,六朝破灭后的金陵的荒凉景象,世间无数的丹青手(画家)也画不成这一片伤心之地。韦庄这首诗的首句正是接续高蟾诗的末句进入构思的。韦庄见过高蟾的诗,这一点是可以肯定的。高蟾生卒年不详,韦庄约生于 836 年,卒于 910 年。但是,高蟾是乾符(874—879)年间进士;韦庄是乾宁(894—898)年间进士。高蟾作过御史中丞,韦庄作过吏部侍郎。如果两个人没有见过面,韦庄也一定见过他的诗。

诗人写道:谁说的"一片伤心画不成"?那是因为画家迎合了世俗的人情,粉饰太平所致。请君看一看这金陵图画,苍老的树木,凄寒的乌云,塞满了这六朝的古都,这难道不正把六朝古都衰败的凄凉意象描绘出来了吗?怎能说"一片伤心画不成"呢?此时,画家是站在地理位置(空间位置)作画;诗人是站在历史位置(时间位置)作诗。纵观横览,把六朝历史的悲剧及其惨痛的历史教训鲜明生动地表现出来了。

题画诗到了宋代,别开生面,出现许多使绘画意境顿然生色的佳作,其中典型代表便是《惠崇〈春江晚景〉二首(其一)》。

惠崇《春江晚景》二首(其一)

苏轼

竹外桃花三两枝,春江水暖鸭先知。

蒌蒿满地芦芽短,正是河豚欲上时。

题画诗中,这首诗是情趣绝妙的千秋佳品。惠崇是位僧人,能诗善画。《图绘宝鉴》说他"工画鹅、鸭、鹭鸶"。《图画见闻志》说他"尤工小景,为寒江远渚,潇洒虚旷之象,人所难到"。惠崇的这幅画只是水墨点染而成，画面上均是些物，这幅《春江晚景图》中，有竹，有桃，有水，有鸭，有蒌蒿，有芦芽，除此之外，再就什么也没有了。此诗的第一句与第三句逐项点出物名，即画中所点染之物；第二句与第四句有画龙点睛之功，使画中之物顿时都成了活物，兀然可知可感。这首诗最能表现题画诗的诗画相生、相映成趣的特点。就此处说，什么叫诗画相生，相映成趣？试问，一个画家，即便是丹青妙手，那么，他能画出江水的"暖"来吗？前文说到，绘画是视觉艺术，"冷暖"是触觉的感知对象，画面上怎么能表现出"暖"来呢？"春江水暖鸭先知"这句不正告诉观者江水是暖的，并且，与画面上的鸭在水面上浮游的安闲情态相照应，给观者一种春暖花开的切身感受，形成了诗画相生的意境。河豚是一种鱼，春江发水，河豚倒向上游，渔人称之为"抢上水"，此时河豚是欲上，尚且没上，画面里自然是没有的，此处是作者推想的。根据什么推想？根据"蒌蒿满地芦芽短"，这物候、这季节正是河豚将上未上之际——这是多么微妙的画面的补充啊！

晓出净慈寺送林子方

杨万里

毕竟西湖六月中，风光不与四时同。

接天莲叶无穷碧，映日荷花别样红。

这首诗的前两句是赞语，"毕竟"二字强调西湖六月风光的非凡景象。诗的主题在后两句。与天相连的莲叶无边无际的一片碧绿，被太阳映照的荷花别有一番鲜红。小诗就是如此简单，从内容看此诗似乎只有两句。这首小诗构思奇绝之处有二：其一，它抓住了特殊的时间与特殊的地点。特殊的时间：早晨；特殊的地点：西湖。作者后两句写景采取国画的写意笔法，重彩浓墨，一挥而就。写意画的特点是写人的大体感受，在这一点上这首小诗深得写意画之妙意。这两句诗读者品味时需设身处地，假如我们站在西湖边上，如火骄阳就在眼前（因为是早晨的太阳），光线射得人睁不开眼。眼前只能朦朦胧胧地看到天底下一片绿，太阳照射在荷花上又有一点点的别样的红。诗人用写意的笔法正易于表达这种意境。这是我们说它深得题画诗之妙谛的第一个理由。其二，一般读者（包括许多研究者）粗心大意，忽略了一个极重要的问题，就是此诗的标题。有人说："一天早晨，诗人……步出净慈寺，送友人林子方（官居直阁秘书）他去……吟唱出了这首小诗。"（见《宋诗鉴赏辞典》）这意思似乎是说，诗人是送林子方时偶尔写了这首小诗。其实不对，这首诗本身便是与友人林子方告别的礼物。只是这篇告别诗很奇特，毫无诸如"海内存知己"之类告别之言，只写了两句即景小诗，这正是此诗的妙处。你看画家作画，画一枝菊花，就写赠送某某人几十岁诞辰，都是取写意画的原理。诗人此时就以这首小诗送给林子方作留别之念，如同画一幅"荷花晓日图"送友人留念一样。这是前文所说此诗深得题画诗之妙谛的第二个根据。这种诗作，就是苏东坡称道王维时所说的"诗中有画，画中有诗"。

题墨葡萄诗

徐　渭

半生落魄已成翁，独立书斋啸晚风。
笔底明珠无处卖，闲抛闲掷野藤中。

第一、二句刻画了诗人晚年苍凉，孤苦伶仃，从"翁""独立""啸"可以看出。"明珠"就是指葡萄，作者借葡萄画无处卖，抒发了自己无人赏识、壮志未酬的无限感慨和年老力衰、孤苦伶仃的凄凉之情。诗人运用反复手法，突出这个"闲"字，旨在表现诗人一生飘零、寂寞孤苦的境遇，表达了诗人"英雄无用武之地"的怅惘与不平。本该一展抱负，却遭"闲抛闲掷"，个中遗憾与愤懑，均借这一"闲"字言出来了。

　　徐渭的这首《题墨葡萄诗》，是他自己的一幅自画像。"独立书斋啸晚风"仿佛画出了一个一生怀才不遇、落魄失意的倔强老人，在面对命运的多次捉弄后，仍不失傲骨，不肯向命运低头的形象。尽管已是白发苍苍，却仍要在夕阳西下的书斋前，独立啸傲。这一"啸"，是作者对自己多舛命运的无尽悲叹。这一"啸"，也是作者对自己一生落寞命运的抒发。这一"啸"，还减缓了自己与这个世界的冲突。自古有才气的文人，大多心比天高，可命运却大都不尽人意。李白如此，苏轼如此，徐渭也一样。遇上"胸中小不平"时，文人大都"可以以酒浇之"，以求得心理的平衡。可当遇到"世间大不平"时，酒便无法消了。对每个个体的人来说，世间的大不平，不是别的，是自己遭遇的不公与无尽坎坷的命运。若是还年轻，可以拔剑四顾，指向不平，哪有不平哪有我。"心若在，梦就在。"与命运抗争的机会还多。可如今，白发萧萧，"一事无成人渐老"，你还能做什么？只能是"独立书斋啸晚风"了。可叹千古失意文人，到了晚年，都只能做侠客梦了。徐渭的那一"啸"中，想必，也曾隐藏着这样的一个梦吧？

墨 梅

王 冕

吾家洗砚池头树，
朵朵花开淡墨痕。
不要人夸好颜色，
只留清气满乾坤。

　　开头两句"吾家洗砚池头树，朵朵花开淡墨痕"直接描写墨梅。画中小池边的梅树，花朵盛开，朵朵梅花都是用淡淡的墨水点染而成的。"洗砚池"化用王羲之"临池学书，池水尽黑"的典故。诗人与晋代书法家王羲之同姓，故说"吾家"。

　　三、四两句盛赞墨梅的高风亮节。它由淡墨画成，外表虽然并不娇艳，但具有神清骨秀、高洁端庄、幽独超逸的内在气质；它不想用鲜艳的色彩去吸引人，讨好人，求得人们的夸奖，只愿散发一股清香，让它留在天地之间。这两句正是诗人的自我写照：王冕自幼家贫，白天放牛，晚上到佛寺长明灯下苦读，终于学得满腹经纶，而且能诗善画，多才多艺。但他屡试不第，又不愿巴结权贵，于是绝意功名利禄，归隐浙东九里山，作画换米为生。"不要人夸好颜色，只留清气满乾坤"两句，表现了诗人鄙薄流俗、独善其身、孤芳自赏的品格。

　　这首诗题为"墨梅"，意在述志。诗人将画格、诗格、人格有机地融为一体。字面上在赞誉梅花，实际上是表明自己的立身之德。《墨梅图卷》画横向折枝墨梅，笔意简逸，枝干挺秀，穿插得势，构图清新悦目。用墨浓淡相宜，花朵的含苞、渐开、盛开都显得清润洒脱、生气盎然。其笔力挺劲，勾花创独特的顿挫方法，虽不添色，却能把梅花含笑盈枝这一生动的形象刻画出来。不仅表现了梅花的天然神韵，而且寄寓了画家那种独善其身、孤芳自赏的思想感情。加上作者这首脍炙人口的七言题画诗，诗情画意交相辉映，使这幅画成为不朽的传世名作。

　　题画诗是一种独到的艺术形式，它虽为美术和文学两个范畴，但画为视觉的艺术，诗为语言的艺术，在构思立意上有着不可替代之妙。据《中国美术史》记载，宋元时期普遍出现题画诗形式时，中国画即披上了浓厚的文学色彩，"诗中有画、画中有诗"便成了赏析文人画的一种创作追求或审美理想。画家既作诗又作画，不仅能起到开阔视野的作用，而且能起到丰富画面的意念和启发观赏中国画的想象作用。总而言之，题画诗作为民族艺术的一种形式，构成中华传统文化的独特风景！

长安古观秦淮月

　　刘禹锡是中唐时期一位卓有成绩的诗人。他在唐朝"八百罗汉式"的诗人之林中，是独具特色的。他在政治上比一般的唐代诗人更成熟，具有一般人难以比拟的斗争精神；在观念上他是最清醒、最深沉的一位，对历史的古今兴废的认识，不亚于晚唐的杜牧。

　　刘禹锡是唐代一个比较有特色的诗人，在中唐诗坛上，他的诗既不像韩愈的高崛，也不像白居易的平易，而是独树一帜，自成风格。刘禹锡的诗歌，主要有三个特点：政治讽刺，寓意深刻，辛辣犀利。从他各类诗歌创作总体上看，刘禹锡具有进步的政治主张和卓越远见。他的很多诗或针砭时弊、讽刺权贵，或讴歌平藩战争，表达统一的愿望；或描述自己的政治生涯，表现刚直不阿的精神面貌，立意深刻。如脍炙人口的《元和十年自朗州至京，戏赠看花诸君子》《再游玄都观》《乌衣巷》《金陵五题·台城》……宋代苏辙曾说刘禹锡的诗"用意深远，有曲折处"，明末清初的王夫之说刘诗"深于影刺"指的也是这些特点。

元和十年自朗州至京，戏赠看花诸君子

　　　　紫陌红尘拂面来，无人不道看花回。
　　　　玄都观里桃千树，尽是刘郎去后栽。

再游玄都观

百亩庭中半是苔，桃花净尽菜花开。

种桃道士归何处？前度刘郎今又来。

　　这两首小诗本身就包含着一个惊心动魄的故事。《全唐诗》卷三百六十五载《再游玄都观》有个小引，曰："余贞元二十一年为屯田员外郎，时此观未有花。是岁出牧连州（今广东省连州市），寻贬朗州司马。居十年，召至京师。人人皆言，有道士手植仙桃满观，如红霞，遂有前篇，以志一时之事。旋又出牧。今十有四年，复为主客郎中，重游玄都观，荡然无复一树，唯兔葵、燕麦动摇于春风耳。因再题二十八字，以俟后游。时大和二年三月。"

　　刘禹锡（772—842），字梦得，洛阳（今属河南省）人，自言系出中山（治今河北省定州市）。贞元九年（793年）擢进士第，登博学宏词科。后入为监察御史。后参与王叔文集团的改革运动，失败后，刘禹锡被贬为朗州刺史，在途中又贬为朗州司马。"居十年，宪宗召还，将置之郎署，以作玄都观看花诗涉讥忿，执政不悦，复出刺播州。裴度以母老为言，改连州，徙夔、和二州。久之，征入为主客郎中，又以作重游玄都观诗，出分司东都。度乃荐为礼部郎中，集贤直学士。度罢，出刺苏州，徙汝、同二州，迁太子宾客分司。"

从刘禹锡的一生看，在中唐时期的黑暗社会里，他实在是遭受了巨大的打击，经历了坎坷的生活，但是他的斗志是一般知识分子所难以具备的。诗中所说"紫陌红尘拂面来，无人不道看花回"，这是实写长安人看花的回归场面。"紫陌"是京都郊野的道路，陌是田间小路。"红尘"指车马在大路上扬起的灰尘。杜牧的诗句"一骑红尘妃子笑，无人知是荔枝来"中的"红尘"就是指一人一马所扬起的尘土。下一句是说"没有人不说是看花回来的"。下文作者借此题目发挥，以抒愤懑之情。意谓："你们所见到的玄都观里千株桃树，都是我刘郎被逐出长安之后才栽种的。"这话至少有两层意思：你们这些桃和种桃者（道士）如果不把我们这些人赶走，如何能种得出这么多桃树？此其一。其二，你们是在牺牲别人即损害别人的前提下富贵起来的，换句话说，是踩着别人的肩膀爬上去的。这就蕴含着巨大的讽刺意义和顽强的斗争精神。难怪皇帝（宪宗）把他召回又把他外放出来，宪宗皇帝正是这位种桃的道士。因为触怒皇帝，所以刘禹锡第二次被外放时间更为漫长，竟达 14 年之久，其触怒的程度可想而知。此诗前二句是记实即景，后二句是借题发挥（抒情）。唐人重视牡丹，不重视桃花。桃花一般形容女色之美，修饰男人，则有趋炎附势之嫌。刘禹锡《杨柳枝词九首（其四）》说："城东桃李须臾尽，争似垂杨无限时。"正是这个意思。所以，此诗桃花之喻必有讽刺意义。为此，便是刘禹锡又一次被贬谪外放 14 年，这是怎样可悲而又可笑的事情啊！对此刘禹锡却表现出大无畏的反抗精神，这精神在小农经济形态的社会里，是极其难能可贵的。14 年后，刘禹锡又来到玄都观。此时百亩庭院之中一半的面积长出了苔藓，说明其荒凉冷落，已不似当年千树桃花那样繁盛与热闹了。桃花了无痕迹，菜花开满庭园。这两句估计也是写实即景，当然，道观中为何砍光了桃树也有待解释，然而我们不妨看作是写实即景。下两句便是借题发挥，种桃道士实际上就是影射皇帝。"前度刘郎今又来"一句，表现出铮铮傲骨。这是一种精神的展示，是一种示威，是一种斗争到底的信念，是一种绝不妥协的象征。即便是再被贬谪 14 年，也还是要作诗讽刺这些昏庸权贵们的。

乌衣巷

朱雀桥边野草花，乌衣巷口夕阳斜。
旧时王谢堂前燕，飞入寻常百姓家。

这是一篇绝妙的即景怀古诗。朱雀桥是南京秦淮河上的一座桥，乌衣巷原是"乌衣"士兵的兵营，东晋时代的王（导）谢（安）两大富豪家族的集居处。作者抓住两个小小的镜头，联缀一处，巧作功夫，便成大作。诗中可见到诗人的灵性与才华。"朱雀桥边野草花"中的"野草花"三个字，有的唐诗读本中说是"野草和野花"（尽管后文也说到"花"字动用问题），但这是不对的。这个"野"字不是修饰"草"与"花"的，而只是修饰"草"的；不是"野草野花"，而是"野草开花"。就是说，"花"是动词，是"开花"的意思。何以见得？原因有二：一是如果"花"是名词，则"朱雀桥""野草""野花"三个名词不成句子。虽然也有这种句式（如"枯藤老树昏鸦"）但此句有一个"边"字，联缀起来不成句子；二是此"花"字与下句"斜"字是对仗词语。"花"是"开花"；"斜"是"斜照"，均是动词。这两句诗也是对仗句，翻译过来就是："朱雀桥边野草开花了；乌衣巷口夕阳斜照着。"外加个"了"与"着"表示时态。可见此诗语言之精练纯熟。昔日繁华的朱雀桥边今天野草开了花，昔日豪贵的乌衣巷口今天夕阳斜照着，从这鲜明对照的景色明显可以看出任何豪华繁富的生活都不是永久的。然后，作者摄取了一个小生灵——燕子，这小家伙的出场使全诗顿然生色。燕子，俗称多情燕子。人们说燕子第二年仍回旧处，寻觅前巢，宋朝大诗人晏殊诗曰"似曾相识燕归来"，实际上有人实验过确是如此。当然，东晋时代的燕子无论如何活不到唐代，燕子已不是当年的燕子，而是它们的后代了。然而燕子既然是"似曾相识"的，作"旧时燕"去看它又何妨呢？何况，即便是作为燕子的"后代"看也并无妨，即便是王、谢两大家族的后代何尝不是进入了寻常百姓之家呢？从中，我们可以清晰地听到作者对这一变化发出的沧海桑田的无限感慨。

金陵五题·台城

台城六代竞豪华，结绮临春事最奢。
万户千门成野草，只缘一曲《后庭花》。

台城旧址，在今南京玄武湖畔。本为吴宫苑城，晋时为宫城。晋宋时称朝廷禁省为台，故称台城。台城，是六代豪华的遗迹。所以，诗的首句便说"台城六代竞豪华"。一个"竞"字，说出了豪华的超凡。如果说"为了豪华而豪华"，亦即为了显示而豪华，已经达到了不理智的程度。如果众多不理智的豪华者相互之间再"竞"起来，则更失去了理智。这时，社会便难以承受这种豪华，很简单，这就是形成社会动荡的根源。歌舞女色败家亡国，文人骚客诗赋讽谏，这是中国文学史的老传统，《诗经》《楚辞》均有这样的篇章，宋玉与司马相如以后，形成专有题材。但是，像刘禹锡这样寥寥数语而且一针见血的力作，也还不多。诗中的"结绮""临春"是台城的两座殿阁；"事最奢"意谓情况最为奢华。这里指金粉南朝的最后一个小皇帝，陈朝的陈后主。《陈书·皇后传·后主张贵妃》记载："后主每引宾客对贵妃等游宴，则使诸贵人及女学士与狎客共赋新诗，互相赠答。采其尤艳丽者以为曲词，被以新声……其曲有《玉树后庭花》《临春乐》等，大指所归，皆美张贵妃、孔贵嫔之容色也。"有这样的国君，岂有不亡国之理！结果，是一支曲子败坏了整个国家，只因为一曲《后庭花》，便使千门万户变作荒草。据记载，隋军攻城之际，楼上尚是红灯高挂，纸醉金迷。当然，诗人在这里也是借古讽今，意在指责当时统洁者的奢靡生活。

秦吟正声长恨情

　　白居易是继李白、杜甫之后唐代又一位大诗人，世称李杜白为唐代三大诗人。

　　白居易出生时，李白已逝世 10 年，杜甫也已去世 2 年。时代需要大诗人，白居易适逢其时。他因出身书香门第，自幼聪明绝顶，五六岁便学写诗，9 岁便能辨别声韵，加之家庭和社会给予他很大的刺激和督促，他青年时读书便特别刻苦。后来忆及当时读书情况，他说："昼课赋，夜课书，间又课诗，不遑寝息矣，以至于口舌成疮，手肘成胝。"少年时代又曾经过颠沛流离的避难生活，对社会各方面都有所了解。这些原因，造就了白居易这位杰出的诗人。

　　白居易作诗评价自己的诗作说："一篇长恨有风情，十首秦吟近正声。"《长恨歌》的风情绰约，《秦中吟》的真实正义，是诗人自己所引以自豪的。《秦中吟》是白居易的讽喻诗代表作。白居易的叙事诗以《秦中吟》《新乐府》为主干，形成他独到的"文章合为时而著，歌诗合为事而作"的现实主义创作硕果。《秦中吟》前有一个小序，说："贞元、元和之际，予在长安，闻见之间，有足悲者。因直歌其事，命为《秦中吟》。"《秦中吟》十首的题目是：《议婚》《重赋》《伤宅》《伤友》《不致仕》《立碑》《轻肥》《五弦》《歌舞》《买花》。我们根据内容与风格，逐一进行赏析：

议　婚

　　天下无正声，悦耳即为娱。人间无正色，悦目即为姝。颜色非相远，贫富则有殊。贫为时所弃，富为时所趋。红楼富家女，金缕绣罗襦。见人不敛手，娇痴二八初。母兄未开口，已嫁不须臾。绿窗贫家女，寂寞二十余。荆钗不直钱，衣上无真珠。几回人欲聘，临日又踟蹰。主人会良媒，置酒满玉壶。四座且勿饮，听我歌两途。富家女易嫁，嫁早轻其夫。贫家女难嫁，嫁晚孝于姑。闻君欲娶妇，娶妇欲何如？

　　这是一篇极明白的就事议论的诗作，用我们今天的话说，叫作一事一议。语言明白如话。天下的"正声""正色"都是相对的，以人的感官为准。但在这里，所谓正色是受贫富地位的干扰的。然后，作者描写富家嫁女的容易和贫家嫁女的艰难。最后，作者直接参与评论，说明富家女也有"轻其夫"的傲气，贫家女也有"孝于姑（母）"的优点，劝世人莫过于势利眼，应全面衡量利弊关系。

重　赋

　　厚地植桑麻，所要济生民。生民理布帛，所求活一身。身外充征赋，以上奉君亲。国家定两税，本意在爱人。厥初防其淫，明敕内外臣。税外加一物，皆以枉法论。奈何岁月久，贪吏得因循。浚我以求宠，敛索无冬春。织绢未成匹，缲丝未盈斤。里胥迫我纳，不许暂逡巡。岁暮天地闭，阴风生破村。夜深烟火尽，霰雪白纷纷。幼者形不蔽，老者体无温。悲喘与寒气，并入鼻中辛。昨日输残税，因窥官库门。缯帛如山积，丝絮如云屯。号为羡余物，随月献至尊。夺我身上暖，买尔眼前恩。进入琼林库，岁久化为尘。

　　这是一篇评论国家税收制度及其当时状况问题的诗篇，亦明白如话。诗中说：大地种植桑麻，本为百姓生存；百姓制成布帛，也是为了自身存活。此外再交税，为了事奉"君亲"。国家制定"两税法"，本意是为"爱民"。法律明确规定：内外大臣如果再多收一物，则以贪赃枉法论处。但岁月既久，贪官污吏就因循枉法。接着，作者以农夫的口气叙述重赋之下的痛苦：天寒地冻，破村败屋，夜无烟火，白雪纷飞，幼儿长者，在死亡线上挣扎……然而官库的财富堆积如山，岁久化为尘土。而官僚们的目的是"买尔眼前恩"，即买得上司的恩典，以求再度升迁。这里，作者思想感情倾向人民一边是显而易见的，作者对此现象大为不满。诗中说："国家定两税，本意在爱人。"但限于当时的认识水平没有或者不敢把矛头指向皇帝，只得对贪官污吏作强烈批评。唐代安史之乱以后，原有的均田制已无法实行，租庸调制也已名存实亡。原因是土地大量荒芜，人民流离失所。那么，按土地和人口收税就很困难。建中元年（780）规定的"两税令"，主要目的不是"爱民"（"爱人"即"爱民"，为避唐太宗李世民的讳，故称），而是为了增加国家的财政收入。当然，诗中指出各级官吏假公肥私，对抗朝廷，鱼肉人民等一系列弊政，都是真实的。

伤 宅

谁家起甲第，朱门大道边。丰屋中栉比，高墙外回环。累累六七堂，栋宇相连延。一堂费百万，郁郁起青烟。洞房温且清，寒暑不能干。高堂虚且迥，坐卧见南山。绕廊紫藤架，夹砌红药栏。攀枝摘樱桃，带花移牡丹。主人此中坐，十载为大官。厨有臭败肉，库有贯朽钱。谁能将我语，问尔骨肉间。岂无贫贱者，忍不救饥寒。如何奉一身，直欲保千年。不见马家宅，今作奉诚园。

这是一篇讽刺达官显贵大兴土木的诗篇。朱门大院，梁栋相连，一堂百万，郁郁青烟。然后描写洞房（这洞房与我们今天说的洞房不是一个意思，封建时代的高官显宦往往是一生住在洞房里的，的清幽温馨，坐着、躺着都能看见南山景致，看见紫藤、红药……为此，作者劝诫这些富豪看一看饥寒交迫的穷人，怎能忍心不去相救。最后一句话虽是讽刺，实则还是乞怜。意思是说：为什么这么多财富奉于一身，而且要保他千年？然而"千年"是能保得住的吗？你看那轩昂高大的马家宅，不是变成奉诚园了吗？这里有一个典故：唐代司徒马燧的宅院，称马家宅。马燧死后，他的儿子马畅将园中大杏赠给宦官窦文场，文场又献给唐德宗。德宗以往未曾见过，颇怪马畅，便派宦官前往封了这棵树。马畅害怕，便将宅院一并献给德宗，名曰"奉诚园"。白居易的意思是说，聚敛多少财富终究是人家的，所以人生还是不要太贪婪。此诗中作者同情人民的苦难，自然很是感人；作者又苦口婆心地劝诫富豪要怜悯穷人，却又让人得太天真。

轻　肥

意气骄满路，鞍马光照尘。借问何为者，人称是内臣。朱绂皆大夫，紫绶或（一作悉）将军。夸赴军中宴，走马去如云。樽罍溢九酝，水陆罗八珍。果擘洞庭橘，鲙切天池鳞。食饱心自若，酒酣气益振。是岁江南旱，衢州人食人！

此诗写的是一场宴会的过程。作者落笔先写这些内臣（宦官）招摇过市的场面。这些皇家的奴才本是些无能鼠辈，如今却如此意气扬扬，显示出一派小人得势的样子，招人厌恶。他们也似乎知道自己的身价不高，于是他们也讨些"大夫""将军"的头衔来抬高自己的身价。身上又披了些"朱绂""紫绶"这些标示身份的披挂，更加耀武扬威了。接着，作者详细罗列他们吃的东西：精酿醇酒，八珍奇味，洞庭橘、天池鳞，皆是名贵菜肴。人们不禁要问：这一餐要花多少银子？结尾处，作者画龙点睛，一笔托出活生生的社会对立来："是岁江南旱，衢州人食人。"这一笔顿然使全诗熠熠生辉，正是大家手笔。

歌 舞

秦中岁云暮，大雪满皇州。雪中退朝者，朱紫尽公侯。贵有风云兴，富无饥寒忧。所营唯第宅，所务在追游。朱轮车马客，红烛歌舞楼。欢酣促密坐，醉暖脱重裘。秋官为主人，廷尉居上头。日中为乐饮，夜半不能休。岂知阌乡狱，中有冻死囚！

此诗作于元和五年（810年）前后，当时诗人在京城长安（今陕西省西安市）任左拾遗、翰林学士。五代后蜀韦縠编《才调集》收此诗，题作《伤阌乡县囚》。

这首诗与《秦中吟十首》中的《轻肥》一诗思想内容相近，表现手法基本相同，都是把统治阶级与劳动人民的不同生活境遇加以对照，深刻揭露了封建社会阶级之间的尖锐对立。

《歌舞》这首诗把朝廷贵官的糜烂生活与狱中的"冻死囚"相对照，对醉生梦死的统治阶级作了无情的鞭挞，对被迫沦为"囚犯"的劳动人民表达了深切的同情。前者详写，后者却只在末尾重笔点出。因为"冻死"二字已能尽囚犯之惨状，因此简洁而有力；而朝廷贵官的奢靡生活，则必须详尽铺写，才能给人留下深刻的印象，从而使这个对比变得格外强烈和鲜明，足以见出诗人的艺术功底。

立　碑

　　勋德既下衰，文章亦陵夷。但见山中石，立作路旁碑。铭勋悉太公，叙德皆仲尼。复以多为贵，千言直万赀。为文彼何人，想见下辈时。但欲愚者悦，不思贤者嗤。岂独贤者嗤，乃传后代疑。古石苍苔字，安知是愧词！我闻望江县，曲令抚茕嫠。在官有仁政，名不闻京师。身殁欲归葬，百姓遮路歧。攀辕不得归，留葬此江湄。至今道其名，男女涕皆垂。无人立碑碣，唯有邑人知。

　　一作《古碑》。讽刺了立碑夸耀门第，歌功颂德之风。认为立碑"谀墓"不能名留千古；只有施行仁政，品德高尚者，虽无碑碣，却能

"至今道其名，男女涕皆垂"。

伤　友

　　陌巷孤寒士，出门苦恓恓。虽云志气高，岂免颜色低。平生同门友，通籍在金闺。曩者胶漆契，迩来云雨睽。正逢下朝归，轩骑五门西。是时天久阴，三日雨凄凄。蹇驴避路立，肥马当风嘶。回头忘相识，占道上沙堤。昔年洛阳社，贫贱相提携。今日长安道，对面隔云泥。近日多如此，非君独惨凄。死生不变者，唯闻任与黎。

　　作者对朋友之道今不如古表现了一种感伤凄凉之情。昔日洛阳社中，无论贫贱富贵，都能相互帮助；而今长安道上，两相面对却如"隔云泥"。对比之中表达了作者对友道今不如古的忧伤。

五　弦

　　清歌且罢唱，红袂亦停舞。赵叟抱五弦，宛转当胸抚。大声粗若散，飒飒风和雨。小声细欲绝，切切鬼神语。又如鹊报喜，转作猿啼苦。十指无定音，颠倒宫徵羽。坐客闻此声，形神若无主。行客闻此声，驻足不能举。嗟嗟俗人耳，好今不好古。所以绿窗琴，日日生尘土。

　　此诗的描写手法相当高明。运用烘托、比喻、反衬等丰富多变的手法描写了赵叟高超的演奏技艺，而末尾则说俗人"不好古"，名贵的"绿窗琴"只能闲置一旁，落满尘土。以音乐喻人，实为作者自况。

南朝烟雨挽歌幽

晚唐诗人杜牧有一首脍炙人口的绝句——《江南春》：

　　　千里莺啼绿映红，水村山郭酒旗风。

　　　南朝四百八十寺，多少楼台烟雨中。

　　这首诗如何理解？表面看只是写"千里莺啼"，写"绿映红"，写"水村""山郭"，写酒旗招展，写几百座寺庙坐落在茫茫烟雨之中。表面看似乎是一篇山水诗，亦称风景诗。这风景美吗？诚如许多研究者所说，这确是一幅烟雨蒙蒙的"江南春雨图"。而且，这图画又不是油画那样的诸多景物历历在目的笔法，乃是中国画的山水点染的笔法。然而，如果你只是从风景诗的角度去分析这篇诗，那就不够深刻了，实际上这首中蕴含着作者幽婉高妙的艺术匠心和忧国忧民的伟大情感。你能从诗里看出来吗？这里正在测试着你的鉴赏古诗的眼力。

　　你知道这幽婉高妙的艺术匠心与忧国忧民的伟大情感蕴藏在哪里吗？古人作诗与读诗均有"诗眼"之说，所谓"诗眼"，便是一篇诗的关节处，此处解开则处处贯通，豁然开朗。原来，此诗的诗眼在"南朝"二字上。"南朝"是我国历史上所谓南北朝时期长江以南的宋、齐、梁、陈四个朝代的总称。南朝虽然也有和平稳定、经济繁荣的发展时期，但多是战争频繁的年代。战乱之中人们的命运飘忽不定，于是很多人皈依佛门。据历史学家统计，梁朝的梁武帝时代，寺庙人口已达到全国的"户口之半"，僧人与尼姑竟占全国人口的四分之一还多。僧人与尼姑加上寺庙管辖的人口达全国人口的一半。大量的僧尼不事生产，又免去力役与兵丁。全国到处大兴土木，修建寺庙，人民的痛苦情况可想而知。梁武帝又是一个嗜佛成癖的人，他曾三次将自己舍给寺院当服役之人。然而朝廷没有了皇帝怎么可以？于是朝臣们又用大量的金银从寺庙里把他赎回来三次，可见其荒唐之甚。南朝著名哲学家范缜的哲学名篇《神灭论》就是在梁武帝的朝廷上与僧人进行"神灭与神不灭"的"御前辩论"的总结，可见这篇唯物主义的名作具有怎样的政治价值。

以上说的是"南朝"，而作者在此处并非只是"咏古人之哀思"，实际上也是影射唐代的现实的。晚唐时代战争连年，人民水深火热，寺庙人口剧增的情况与"南朝"极为相似。这时，杜牧写出"南朝四百八十寺，多少楼台烟雨中"，你还以为单纯是一首风景诗吗？这里告诉我们鉴赏古典诗词的一个途径，古典诗词是比较高雅含蓄的艺术作品，它需要用艺术鉴赏的眼光去品味，如同品茶一般，而且，品的前提是鉴赏者需要有各方面的丰富的学识。

古代诗人向来喜欢用隐喻的手法来讽刺当今社会的混乱，通过《江南春》我们了解到"南朝"的社会状况，从而也折射出杜牧借古讽今、忧国爱民的心情。晚唐时期，藩镇割据，宦官擅权，党争严重，社会动荡。杜牧从小有着经邦济世的抱负，但官场险恶、仕途坎坷，使他壮志难酬，长时期的幕僚生活、不稳定的朝野升迁，导致他感慨良多，而杜牧擅用含蓄的手法，所以留下许多此类著作。下面让我们一起欣赏他另一首脍炙人口的诗篇。

泊秦淮

烟笼寒水月笼沙，夜泊秦淮近酒家。

商女不知亡国恨，隔江犹唱《后庭花》。

　　魏晋南北朝至唐代，金陵秦淮河一带一直是权贵富豪游宴取乐之地。这首诗是杜牧夜泊秦淮时触景感怀之作，于六代兴亡之地的感叹中，寓含忧念现世之情怀。

　　这首诗在语言运用方面，也颇见功夫。首句写景，"烟""水""月""沙"由两个"笼"字联系起来，融合成一幅朦胧冷清的水色夜景。次句点题，并以"近酒家"的丰富内涵启动思古之幽情，秦淮一带在六朝时是著名的游乐场所，酒家林立，因此昔日那种歌舞游宴的无尽繁华实已包含在诗人此时的思绪之中。后两句由一曲《后庭花》引发无限感慨，"不知"抒发了诗人对"商女"的愤慨，也间接讽刺不以国事为重，纸醉金迷的达官贵人，即醉生梦死的统治者。"犹唱"二字将历史、现实巧妙地融为一体，伤时之痛，委婉深沉。清代评论家沈德潜推崇此诗为"绝唱",一个"犹"字透露出作者批判之意、忧虑之情。管世铭甚至称其为唐人七绝压卷之作。秦淮河是六朝旧都金陵的歌舞繁华之地,诗人深夜泊舟河畔,隔江传来商女《玉树后庭花》的歌声,听着这亡国之音,不禁激起时代兴衰之感,后两句对只知征歌选舞、买笑逐欢,而不以历景为鉴的统治者,给以深深的谴责。本诗情景交融,朦胧的景色与诗人心中淡淡的哀愁非常和谐统一。

这首诗是即景感怀的,金陵曾是六朝都城,繁华一时。目睹当时的唐朝国势日衰,当权者昏庸荒淫,不免要重蹈六朝覆辙,无限感伤。首句写景,先竭力渲染水边夜色的清淡素雅;二句叙事,点明夜泊地点;三、四句感怀,由"近酒家"引出商女之歌,酒家多有歌,自然洒脱;由歌曲之靡靡,牵出"不知亡国恨",抨击豪绅权贵沉溺于声色,含蓄深沉;由"亡国恨"推出"后庭花"的曲调,借陈后主之诗,讽刺权贵的荒淫,深刻犀利。这两句表达了较为清醒的封建知识分子对国事怀抱隐忧的心境,又反映了官僚贵族正以声色歌舞、纸醉金迷的生活来填补他们腐朽而空虚的灵魂,而这正是衰败的晚唐现实生活中两个不同侧面的写照。"商女不知亡国恨,隔江犹唱《后庭花》",《玉树后庭花》据说是南朝陈后主所作的乐曲,被后人称为"亡国之音";"隔江"承上一句"亡国恨"故事而来,指当年隋兵陈师江北,一江之隔的南朝小朝廷危在旦夕,而陈后主依然沉湎在歌声女色之中,终于被俘亡国。这两句诗从字面上看似乎是批评歌女,而实际上是诗人有感于晚唐国势衰微、世风颓靡的现状,批评那些沉溺于歌舞升平而"不知"国之将亡的统治者。"犹唱"二字意味深长,巧妙地将历史、现实和想象中的未来联系起来,表现出诗人对国家命运的关切和忧虑。这首诗写诗人所见所闻所感,语言清新自然,构思精巧缜密。全诗将景、事、情、意熔于一炉,景为情设,情随景至。借陈后主的亡国讽喻晚唐统治者,含蓄地表达了诗人对历史的深刻思考,对现实的深切忧思。感情深沉,意蕴深邃,被誉为唐人绝句中的精品。这首诗表现了诗人对晚唐统治者的辛辣讽刺以及对国家命运的深切忧虑。这样丰富的内涵、深刻的主题却容纳在短短的28个字之内,这其中的每一个字都凝练至极。诗歌的语言要求精练，只有精练才能含蓄，也只有含蓄才能见得精练。所以含蓄与精练互为表里，相得益彰。这首诗于情景交融的意境中，形象而典型地表现了晚唐的时代气氛，使人从陈后主的荒淫亡国联想到江河日下的晚唐的命运，委婉含蓄地表达了诗人对历史的深刻思考，对现实的深切忧思，内容深厚，感情深沉，意味无穷，引人深思。

无题原是有题诗

李商隐是一位风格独异、才华殊众、争议不绝的诗人。他大约出生于元和八年（813），大约大中十二年（858）去世，年仅46岁。他的字叫义山，号玉溪生，怀州河内（今河南省沁阳市）人。李商隐一生命运多舛，经历坎坷，终生抑郁寡欢，这种经历与性格决定了他的独特的诗风。他几次科考阻遏，有的是由党争而受到打击。他一生屈居下僚，作为九品的秘书省正字，实际上是一个校书郎。此外就是在达官显宦的幕府中谋个小官。他一生最苦恼的事情就是牛李党争对他的牵累。李德裕与牛僧孺在朝廷争权，此起彼伏，几升几落。令狐楚是李商隐的老师。令狐楚的儿子令狐绹作了户部员外郎，属牛党。李商隐为了谋生，投奔王茂元幕府任掌书记。王茂元赏识他的才华，又把女儿嫁给他。而这位王茂元偏偏是李党。故在牛李党争之中，李商隐受尽了屈辱，注定了终生不得晋阶。这样一个命运多舛的人，如果是一个凡夫俗子，也没有什么特别的痛苦，他偏偏又多愁善感，才华横溢，性情耿介。于是他对人生感受至深，写出诗来也就独具情调，使得他与千古以来许多诗人风格迥异。其诗具有鲜明而独特的艺术风格，文辞清丽，意韵深微，有些诗句作多种解释，好用典，有些诗较晦涩。特别是其中的无题诗堪称一绝，而更为突出的便是他的爱情诗。这里我们选择脍炙人口之作试略析之。

锦　瑟

锦瑟无端五十弦，
一弦一柱思华年。
庄生晓梦迷蝴蝶，
望帝春心托杜鹃。

沧海月明珠有泪，
蓝田日暖玉生烟。
此情可待成追忆，
只是当时已惘然。

李商隐的诗最为难解，因为他多以写意、象征笔法作诗，诗意扑朔迷离、难以捉摸。有人说李商隐的诗是朦胧诗。多年前文坛朦胧诗出现所谓"崛起的诗群"时，持反对意见的人以此证明朦胧诗中国古已有之，其实这是陋见。李商隐的诗与法国19世纪后半叶崛起的象征主义诗派的作品，完全不是一回事。正因为李商隐的诗有如上特点，所以，历代争论不休，百说并起，不一而足。

从字面意思上说，诗中写的是：锦瑟呀，什么原因使你具有这么多琴弦？每一弦每一柱令人恋着如水的流年！庄周的晓梦迷惑于梦中的蝴蝶，望帝的心魂寄托给羽化的杜鹃。沧海的明月照耀着鲛人化为珍珠的眼泪，在蓝田和暖红日的照耀下，美玉中蕴藏的玉气升腾起青烟。伤逝的感情还需要痛定思痛的追忆吗？即便是当初已经令人意乱心烦！

"无端"二字用于抒情，意谓"怎么这么多的琴弦"？第三句引《庄子·齐物论》的末段，大意是：……庄周在梦中自己变成一只大蝴蝶，翩翩地飞着，自觉十分惬意，不知道自己是庄周了。不久醒来，猛然间又惊觉自己实实在在还是庄周。那么，到底刚才我庄周做梦变成蝴蝶呢，还是蝴蝶现在做梦变成我庄周了呢？第四句引用古代蜀王的故事。《太平御览》卷一百六十六载蜀王杜宇号望帝；又《成都记》载杜宇"自天而降，好稼穑……死，其魂化为鸟，名曰杜鹃"。第五句谓古人以为海中有鲛人，泪落成珠。第六句写蓝田之玉，"烟"字的意思犹如人们说"珠光宝气"的"光"与"气"的意思。此诗一般人以为暗写爱情，也有人以为是言志诗，此处不作细论。

霜 月

初闻征雁已无蝉，百尺楼高水接天。
青女素娥俱耐冷，月中霜里斗婵娟。

　　文学作品，特别是诗歌，它的特点在于即景寓情，因象寄兴。诗人不仅是写生的妙手，还应该是随物赋形的画工。最通常的题材，在杰出的诗人的笔下，往往能够创造出一种高超优美的意境。读了李商隐的这首《霜月》，你就会有这样的感觉。
　　这首诗写的是深秋季节，在一座临水高楼上观赏霜月交辉的夜景。它的意思只不过说，月白霜清，给人们带来了寒凉的秋意而已。这样的景色，会使人心旷神怡。然而这首诗所给予读者美的享受，却大大超过了人们在类似的实际环境中所感受到的那些。诗的形象明朗单纯，它的内涵是饱满而丰富的。

秋天，草木摇落而变衰，眼里看到的一切，都是萎败枯黄，黯然无色；可是清宵的月影霜痕，却显得分外光明皎洁。这秋夜自然景色之美意味着什么呢？"青女素娥俱耐冷，月中霜里斗婵娟。"尽管"琼楼玉宇，高处不胜寒"，可是冰肌玉骨的绝代佳人，愈是在宵寒露冷之中，愈是见出雾鬓风鬟之美。她们的绰约仙姿之所以不同于庸脂俗粉，正因为她们具有耐寒的特性，经得起寒冷的考验啊！

写霜月，不从霜月本身着笔，而写月中霜里的素娥和青女；青女、素娥在诗里是作为霜和月的象征的。这样，诗人所描绘的就不仅仅是秋夜的自然景象，而是勾摄了清秋的魂魄、霜月的精神。这精神是诗人从霜月交辉的夜景里发掘出来的自然之美，同时也反映了诗人在混浊的现实环境里追求美好、向往光明的深切愿望；是他性格中高标绝俗、耿介不随的一面的自然流露。当然，我们不能肯定这耐寒的素娥、青女，就是诗人的自喻；或者说，它另有所实指。诗中寓情寄兴，是不会如此狭隘的。清代的王夫之说得好："兴在有意无意之间。"倘若刻舟求剑，理解得过于窒实，反而会缩小它的意义，降低它的美学价值。

这首诗在艺术手法上有一点值得注意：诗人的笔触完全在空际点染盘旋，诗境如海市蜃楼，弹指即逝；诗的形象是幻想和现实交织在一起而构成的完美的整体。秋深了，树枝上已听不到聒耳的蝉鸣，辽阔的长空里，时时传来雁阵惊寒之声。在月白霜清的宵夜，高楼独倚，水光接天，望去一片澄澈空明。"初闻征雁已无蝉"两句，是实写环境背景。这环境是美妙想象的摇篮，它会唤起人们脱俗离尘的意念。正是在这个摇篮里，诗人的灵魂飞进月地云阶的神话世界中去了。后两句想象中的意境，是从前两句生发出来的。

乐 游 原

向晚意不适，驱车登古原。
夕阳无限好，只是近黄昏。

　　"向晚"就是傍晚；"意不适"就是心绪不佳；"古原"即乐游原，在长安城南，是汉宣帝时建造的苑囿。"夕阳无限好"是写景，此语极佳。"只是近黄昏"一句，一般人解作"只不过是到了黄昏时节"，表示对光阴流逝无可挽回的痛惜，是一种惋惜的心境。周汝昌先生解此诗另有他说，他以为"只是"二字不是现代汉语"只不过""却是"表转折的意思，而是"正是""就是""即使是"的意思。如"只是当时已惘然"，即使是当时也已经惘然无措了。那么，放在此处就是"即使是渐近黄昏的夕阳也是无限美好的"。这样，就一扫感慨、哀伤、惋惜的情调，而成为"感逝波，惜景光，绿鬓不居，朱颜难再之情——这正是诗人的热爱生活、执着人间、坚持真理而心光不灭的一种深情苦志"。

落 花

高阁客竟去，小园花乱飞。
参差连曲陌，迢递送斜晖。
肠断未忍扫，眼穿仍欲稀。
芳心向春尽，所得是沾衣。

　　这首诗写于会昌六年（846）。当时，李商隐陷入牛李党争之中，境况不佳，心情郁闷，故本诗流露出幽恨怨愤之情。
　　首联直接写落花。上句叙事，下句写景。落花虽早有，客人却浑然不觉，待到人去楼空，客人散去，小园一片寂静，诗人孤寂惆怅之情顿上心头，这才注意到满园缤纷的落花，而且心生同病相怜的情思，

用语巧妙。颔联从不同角度写落花的具体情状。上句从空间着眼，写落花飘拂纷飞，连接曲陌；下句从时间着笔，写落花连绵不断，无尽无休。对"斜晖"的点染，透露出诗人内心的不平静。整个画面笼罩在沉重黯淡的色调中，显示出诗人的伤感和悲哀。颈联直接抒情。春去花落，"肠断未忍扫"，表达的不只是一般的怜花惜花之情，而是断肠人又逢落花的伤感之情。"眼穿仍欲稀"，写出了诗人面对落花的痴情和执着。尾联语意双关。花朵用生命装点了春天，落得个凋残、沾衣的结局；而诗人素怀壮志，却屡遭挫折，也落得个悲苦失望、泪落沾衣、低回凄凉、感慨无限的人生际遇。全诗咏物伤己，以物喻己，感伤无尽。

贾 生

宣室求贤访逐臣，贾生才调更无伦。

可怜夜半虚前席，不问苍生问鬼神。

这是一首怀古抒情诗。贾生是汉朝汉文帝时代的贾谊。贾谊才华出众，有许多卓越的著作，对汉文帝也颇有影响，对汉初的所谓"文景之治"同样有一定的影响。后来，朝中权臣即与刘邦打天下的那些封侯的人以及他们的子孙排挤贾谊，贾谊被谪逐为长沙王太傅。他闷闷不乐，31岁郁郁而死。《史记·屈原贾生列传》载："……贾生征见，孝文帝方受釐，坐宣室（未央宫前殿正室），上因感鬼神事而问鬼神之本。贾生因具道所以然之状。至夜半，文帝前席（在坐席上向前移动身体，靠近贾谊）。既罢，曰：'吾久不见贾生，自以为过之，今不及也。'"汉文帝为了求得贤能之人连放逐之臣也要召见，可见其求贤心切。这是虚宕一笔，先给读者造成一个文帝爱才的虚假印象。而在贤臣之中，贾谊的才华、风度是无与伦比的；可惜，他是个逐臣。可怜汉文帝与贾生深更半夜谈话，他听到入神的地方，还在坐席上向前移动身体，靠近贾谊。为什么可惜呢？因为他向贾谊请教的不是关于苍生的幸福，而是鬼神的情况。那么，贾谊也只能陪着皇上谈些虚妄怪诞的话语而已，却再也施展不出他的满腹才华了。作者借贾生写自己的远大抱负不能施展，怀才不遇的处境。

一江春水向东流

李煜，字重光，初名从嘉，号莲峰居士，南唐中主元宗第六子，建隆二年（961）嗣位，史称南唐后主，在位15年。开宝八年（975），北宋大将曹彬攻破金陵，李煜率群臣"肉袒降于军门。明年正月辛未，至京师（指北宋都城汴京）。乙亥，授右千牛卫上将军，封违命侯"（陆游《南唐书·卷三》）。《新五代史·南唐世家·李煜》作"开宝九年"，并作"右千牛卫上将军"。宋人袁文《瓮牖闲评》说："太祖（指宋太祖赵匡胤）取南唐，年余始得之。怒其不归朝，及来降，则命为违命侯，盖恶号也。"可见，"违命侯"三字是一种污辱性的封号。从此，李煜开始了"每日以泪洗面"的囚徒生活。太平兴国三年（978）七月初七，是他的42岁生日，他命歌女唱《虞美人》词，声闻于外。宋太宗闻之，大怒，命秦王赵廷美赐牵机毒药（据云服药至死者首足相叩，故名牵机）至死。一位伟大的天才诗人如此惨死在强权之下，这首《虞美人》便成了他的催命词，也成了绝命词。其词曰：

春花秋月何时了？往事知多少？小楼昨夜又东风，故国不堪回首月明中。

雕栏玉砌应犹在，只是朱颜改。问君能有几多愁，恰似一江春水向东流。

这首词确实是书写愁怨的抒情诗词中的千古绝唱。明代文学家汤显祖在《牡丹亭》中有一句词唱道："白日消磨肠断句，世间只有情难述"，人类的感情到了极度复杂之时，确实是语言所难以表述的（参阅本书《物我浑融意境深》一章）。我们要想理解这首词深邃的意蕴，必须首先设身处地想象一下李煜前后期生活处境的真实体验。李煜前半生做皇上，后半生做囚徒。这样天高海深的生活境遇将会在他的心灵中埋下怎样的悲哀的种子，然后，我们才有可能掂量出这首词中哀愁的分量。王国维说："生于深宫之中，长于妇人之手，是后主为人君所短处，亦即为词人所长处。"这话当然是对的，然而我们也不禁要问：古代帝王有几个不是"生活深宫之中，长于妇人之手"呢？即如秦始皇、汉武帝哪个不是呢？然而他们既无"人君所短处"，也无"词人所长处"，为什么？这就是说，李煜天生就是一个诗人，天生有一颗诗心。同是亡国亡家的蜀汉后主刘禅则迥然不同，"司马文王与（刘）禅宴，为之作故蜀技，旁人皆为之感怆，而禅喜笑自若。……他日，王问禅曰：'颇思蜀否？'禅曰：'此间乐，不思蜀。'……"这与李煜形成非常鲜明的比照。这就是说，李煜除了他特殊的生活际遇之外，还有他真诚、直率、多情、仁德的精神素质。当然，也正因如此，刘禅仍然可以活着享乐，李煜却只好作"牵机之死"。

　　春花秋月，本来赏心悦目，而作者脱口问出的却是"何时了"，首句既出，大开大阖的诗词功力就显得出手不凡。作诗也如同练武一样，武术家只要一出手便能看出其功夫的深浅，作诗也是只要起句一出，便知构思的奇巧。此句如说成"歔欷涕泪何时了"，则是平凡诗句，因为这"歔欷涕泪"本身是令人讨厌的东西。连"春花秋月"这样悦人眼目的事物，作者也觉厌烦，可见他处在怎样的痛苦煎熬之中。"往事知多少"一句，概括了作者对前半生的帝王生活的回顾。它的背后隐藏着千言万语，令人想象不尽。第二句"小楼昨夜又东风，故国不堪回首月明中"，作者勾勒出一幅月光朦胧、清虚氤氲的画面。作者此时身在汴京，遥望金陵，目无所见，眼前只有一片月光。这种"和云伴月"的不眠之夜，人人有此种感觉，但是，读者随着作者而"回首"

的东西却是另一番体验，这就是艺术鉴赏中的"共鸣"过程，也是此诗感人魅力之所在。前文我们讲过诗词意境的原理（参见本书《物我浑融意境深》一章），以此句论，如果直接说"故国不堪回首"，就是水白无味的诗句。为什么？因为它直抒胸臆，未能构成意境。但是，在"故国不堪回首"的后边加上"月明中"三个字，神韵则脱颖而出。为什么？因为它把幽思不寐的心情融入到一片清虚的月色之中，不再是一种"情"，也不再是一种"景"，而是一种"境"——"意境"了。转句的妙处在于，前文已说过"不堪回首"了，此句又说"雕栏玉砌应犹在，只是朱颜改"。可见，虽然"不堪回首"，又岂能不"回首"？那温馨柔婉的昔日生活吸引着作者无穷的回想；这悲凉残酷的现实生活又点示作者"不堪回首"。这是怎样的一种矛盾心情啊！有的版本这一句是"雕栏玉砌依然在"，这"依然在"的效果显然不如"应犹在"。为什么？因为此时作者身在汴京，而"雕栏玉砌"显然是指金陵的雕栏玉砌，显然不是指"汴京"的"雕栏玉砌"，那么，"应犹在"（应该还在）就是一种推知，而不是亲眼见到，所以极好。"只是朱颜改"一句更是传神之句。这句并非指台阁宫殿真的褪了颜色，而是指由于人的心情变化，用悲愁的眼睛去观看事物，事物原有的明丽的亮色自然会感觉暗淡。这当然不是客观事物本身的暗淡，而是作者的眼光暗淡。这种感觉是人人都有的，这又是读者与作者感觉"共鸣"的一种契机：作品显示出魅力，读者受到了感染。全诗的最后两句，作者已不满足于一点一染的细腻手法，感情已达到高潮，灵感已开启闸门，如同绘画的泼墨，如同江河的倾泻，作者一股脑儿地倾泻出似乎古今全人类的愁怨，形成千古以来脍炙人口的一句："问君能有几多愁？恰似一江春水向东流。"人们常说这是比喻句，当然没有什么不对的。但它绝非一般修辞学上的比喻句法，而是另一种天地的一个境界。这里，我们已分辨不清到底是写江还是写愁，既是写江，又是写愁，写的是如愁的江水，也是江水中的愁绪——此时，意境臻于尽善尽美。

　　李煜是一位天才的诗人。史书说他"精音律，擅书法，谙诗词"，可以看出他是一个艺术全才。王国维说："词至李后主而眼界始大，感

激言大义　121

慨遂深，遂变伶工之词为士大夫之词。"此言极为深刻。作为一个天才诗人，李煜的词的内容主要分为两类：第一类为降宋之前所写，主要反映宫廷生活和男女情爱，题材较窄；第二类为降宋后，李煜以亡国的悲痛，赋以自身情感之作，此期的作品远远超过前期，可谓"神品"，除了《虞美人》，还有千古名作《浪淘沙》《相见欢》《破阵子》《望江南》《子夜歌》等，下面，让我们挑出两首略赏析点评。

浪 淘 沙

往事只堪哀，对景难排。秋风庭院藓侵阶。一桁珠帘闲不卷，终日谁来？

金锁已沉埋，壮气蒿莱。晚凉天静月华开。想得玉楼瑶殿影，空照秦淮！

　　"往事只堪哀"，是说想起往事就悲哀，而不是说想起悲哀的往事。后主被俘入宋后，总是难忘故国的"往事"。《虞美人》词说"往事知多少"，《菩萨蛮》词说"往事已成空"，可见他的"往事"是指过去欢乐的"往事"。如今触目皆悲，所以想起欢乐的往事，更倍增伤感。开篇流露的是幸福的失落感，接下来表现的是沉重的孤独感。庭院长满了苔藓，可见环境的极度荒凉冷清。室内也是死气沉沉，珠帘不卷，既是无人卷，也是无心卷帘。户外荒凉，触目肠断，不如待在室内消磨时光。可长期躲在幽闭一室，内心的孤独始终不能排解。他在期盼人来，期盼着与人交流、倾诉，可等待"终日"，不见人来，也无人敢来。据宋人王铚《默记》记载，后主在汴京开封的住处，每天都有"一老卒守门"，并"有旨不得与人接"。李煜在汴京，实质是被软禁的囚徒。他明明知道没有人愿意来看望，也没有人敢来看望，却偏偏说"终日"有"谁来"。他是在失望中期盼，在期盼中绝望。这就是李后主的心态。在极度孤独中度日的李煜，打发时光、排遣苦闷的最好方式是回忆往事。金锁沉埋于废墟，壮气消沉于荒草，复国的机会与可能是一点儿也没有了。

上片写的是白天，下片写晚上，晚凉天净，月华普照，全词的境界闪出一丝亮色，主人公的心情也为之开朗。可这月亮已非故乡之月，就像建安时期王粲《登楼赋》所说的"虽信美而非吾土兮"。于是他由月亮想到当年月光照耀下秦淮河畔的故国宫殿。但玉楼瑶殿已非我有，明月照得再亮，也只能徒增伤感。后主总是这么执着地留恋过去，故国成了他解不开的情结。故国情结是他后期词作的一大主题，也是他打发孤独寂寞时光的一针强心剂。但故国情结并不能令心中的屈辱与痛苦得到解脱。他靠回忆过去打发时光，可是一旦从往事中回到现实，又痛苦不堪。这样周而复始，后主深深地陷入了无法解开的心理怪圈。

相 见 欢

无言独上西楼，月如钩。寂寞梧桐深院锁清秋。

剪不断，理还乱，是离愁，别是一般滋味在心头。

"无言独上西楼"，"无言"者，并非无语可诉，而是无人共语。由作者"无言""独上"的滞重步履和凝重神情，可见其孤独之甚、哀愁之甚。本来，作者深谙"独自莫凭栏"之理，因为栏外景色往往会触动心中愁思，而今他却甘冒其"险"，又可见他对故国（或故人）怀念之甚、眷恋之甚。"月如钩"，是作者西楼凭楼之所见。一弯残月映照着作者的孑然一身，也映照着他视线难及的"三千里地山河"（《破阵子》），引起他多少遐想、多少回忆，承载着他人生的无常之悲。而俯视楼下，但见深院为萧飒秋色所笼罩。"寂寞梧桐深院锁清秋"，这里，"寂寞"者究竟是梧桐还是作者，已无法、也无须分辨，因为情与景已完全交融为一体。全句摹画了一幅意境朦胧、浸染着哀愁的图画。"剪不断"等三句，以麻丝喻离愁，将抽象的情感加以具象化，表现了作者心灵深处深深的寂寞、万般的无奈和无法排遣的离愁，历来为人们所称道，但更见作者造诣的还是结句"别是一般滋味在心头"。如果说前文还用"剪"和"理"的动作对愁加以形象刻画，本句则将离愁写得无可摹状、无以陈述，为更深一层的写法。

奉旨填词柳三变

柳永（约 987—约 1053），原名三变（与其兄"三复""三接"皆有文名，世称"柳氏三绝"），字耆卿；后官至屯田员外郎，故又世称柳屯田；崇安（今福建省武夷山市）人。柳永大半生不得志。他青少年时代便擅长写词，而且，"教坊乐工，每得新腔，必求永为辞，始行于世。"（《词林纪事》）有一个"西夏归朝官云：'凡有井水饮处，即能歌柳词。'"（《余杭旧志》）可见，柳永的词为人民群众所喜爱，歌坛酒肆，处处传唱他填词的歌曲。后来，他的作品在宫中传唱，博得宋仁宗的喜爱。陈师道《后山诗话》载："仁宗颇好其词。每对酒，必使侍从歌之再三。"柳永有一篇词叫《鹤冲天》，词中有一名句是："忍把浮名，换了浅斟低唱。"他不忍心用浮名来替换他那"浅斟低唱"的自由自在的生活。但这说的只是作词，并不意味着他不愿意科举及第，不愿意做官。但后来在科考时宋仁宗硬把柳三变的名字给抹了，并说："此人风前月下，好去浅斟低唱，何要浮名？且去填词。"柳永索性挂出招牌，曰"奉（圣）旨填词柳三变"，可见他性格的刚正倔强。然而他的命运也正如他的诗中所说（"……未遂风云便，争不恣狂荡。何须论得丧。才子词人，自是白衣卿相。"《鹤冲天》）一直沦落歌坛酒肆之间。到了五十多岁，更名换姓，即更名柳永，才得官职。景佑元年（1034 年），始登进士第。

北宋词坛有两大派，一是以苏轼为代表的豪放派，一是以柳永为

代表的婉约派。《历代诗余》有一段著名的佳话："东坡在玉堂日，有慕士善歌，因问：'我词何如柳七？'对曰：'柳郎中词，只合十七八女郎，执红牙板'，歌'杨柳岸，晓风残月'。学士词，须关西大汉，铜琵琶、铁绰板，唱'大江东去'。东坡为之绝倒。"这段佳话可说明豪放派与婉约派各自的风格特点，同时也可看出苏轼与柳永在各派中的地位。这里，我们选柳永几首有代表性的词略作赏析。

望 海 潮

东南形胜，三吴都会，钱塘自古繁华。烟柳画桥，风帘翠幕，参差十万人家。云树绕堤沙，怒涛卷霜雪，天堑无涯。市列珠玑，户盈罗绮，竞豪奢。

重湖叠𪩘清嘉，有三秋桂子，十里荷花。羌管弄晴，菱歌泛夜，嬉嬉钓叟莲娃。千骑拥高牙。乘醉听箫鼓，吟赏烟霞。异日图将好景，归去凤池夸。

　　这是一幅关于杭州的波澜壮阔的风景画。一个作家，一个诗人，他的创作风格一般说来不是单一的。宋代一位女词人，即那位写惯了"凄凄惨惨戚戚"的李清照，也能写出"生当作人杰，死亦为鬼雄"这样豪壮的诗篇。《红楼梦》中哭哭啼啼的林黛玉作诗总是写愁、写怨，然而偶尔也能写出歌颂宁死不屈的刚毅美德的《五美吟》。柳永这首词中的"怒涛卷霜雪，天堑无涯"一句，风格与苏轼那"乱石穿空，惊涛拍岸，卷起千堆雪"的名句，何其相似。这说明柳永这样的婉约词人，胸中也颇有丘壑。

　　这首词的取景犹如今日的电影拍摄中摇镜头的方法，极其得体：大小相应，远近相映，高下相倾，动静相成，参差错落，极为壮观。词的开头，托出一个俯视的全镜头：从大地图看是"东南形胜"；从此地域看是三吴都会；从历史上看是"自古繁华"——出语不凡，一下子将读者推入一个寥廓的境界。烟柳画桥写城市的自然风光与人工装饰；风帘翠幕写街市之斑驳与繁华；"参差十万人家"写人口繁盛，居民邻比，热闹非凡。在这热闹的街市风光的后面，作者又托出它的背景："云树绕堤沙。怒涛卷霜雪，天堑无涯"。本来熙熙攘攘的热闹街景，又置于"怒涛如雪"的背景之前，这画面顿时成为全景的动画，同时也把读者的心境搅动起来，谁还能安稳得住呢？继而，镜头一摇，对准沿街市面，是"市列珠玑，户盈罗绮，竞豪奢"。满街陈列着金银珠宝，户户堆满了绫罗绸缎，本来就心波难平的读者，顿时又眼花缭乱。前半阕的尾句已将热闹繁华的气氛推向顶端，此时的"过片"（作词时，上下阕的语言意境的贯连叫作过片）就显得格外艰难了。然而，"难处见作者"，越是难写的地方越能看出作者的才华。此时作者将镜头摇向西湖，读者在闹市中的热烈心境尚未平静下来，作者立刻把读者带到幽雅、宁静、艳丽的西湖水边。作者用三句话写出这优美的湖面风光："重湖叠𪩘清嘉。有三秋桂子，十里荷花。"据罗大经《鹤林玉露》载："……此词流播，金主（完颜）亮闻歌，欣然有慕于'三秋桂子，十里荷花'，遂起投鞭渡江之志。"这是说，金兵的统帅完颜亮听到此歌，顿时生出"投鞭渡江"（指不用骑兵而用水师渡江，占领杭州）的念头。这话有两个方面的意思：从柳永的角度说，诗写得实在高明，竟然打动了胡人的统领；从完颜亮的角度说，有些不知羞耻，此处风光优美，就可以霸占吗？而文人骚客们把这个当作佳话传播，也实在有些"商女不知亡国恨"的苦味了。接下去，词人把镜头换成了夜景，"羌管弄晴"与"菱歌泛夜"是互文，意即"弄晴"与"泛夜"的，既有羌管，也有菱歌。这是写从晴朗的黄昏到黑夜的热闹景况。由于景色之美，由于天气晴好，人们睡不着觉，纷纷来到水上，男人吹奏羌管，女子高唱（采）莲歌——连那钓鱼的老头子和采莲的小姑娘都嬉闹说笑，没完没了。这首词的收尾略有些歌功颂德的意思。据《鹤林玉露》载："孙何帅钱塘，柳耆卿作《望海潮》赠之云'东南形胜'云云。"看来这首诗是赠给孙何的。孙何是江浙转运使知制诰，这不但是地方长官，而且是朝廷的亲信。此人能诗能文，喜结文士，但性情狭隘急躁，为众人所恶。《宋史·孙何传》说他"何乐名教，勤接士类，后进之有词艺者，必为称扬。然性褊急，不能容物。在浙右专务峻刻，州郡病焉"。柳永的词作博得他的称道，大约也是为了回报他，作了这首词赠送给他。结尾两句的意思是说：好多骑士拥起高大的牙旗，前面有一位统帅，即孙何，他乘着醉意聆听箫鼓之音，而作诗吟赏这烟霞一般的美景。他日，此人"将好景图"（"图将好景"的倒文），由于他在江浙一带政绩卓然，当他回到朝廷（凤池）之后，定然还要高官显宦再度升迁。结尾部分，不管怎么说（有人说作者是不得已的），确实带有歌功颂德的庸俗之气，仿佛一幅优美的风景画上染了一些脂粉气。

蝶恋花

伫倚危楼风细细，望极春愁，黯黯生天际。草色烟光残照里，无言谁会凭阑意。

拟把疏狂图一醉，对酒当歌，强乐还无味。衣带渐宽终不悔，为伊消得人憔悴。

这首词采用"曲径通幽"的表现方式，抒情写景，感情真挚。"伫倚危楼风细细"说登楼引起了"春愁"，全词只此一句叙事，便把主人公的外在形象像一幅剪纸那样突现出来了。"风细细"，带写一笔景物，为这幅剪影添加了一点背景，使画面立刻活跃了起来。"望极春愁，黯黯生天际"，极目天涯，一种黯然魂销的"春愁"油然而生。"春愁"，又点明了时令。对这"愁"的具体内容，词人只说"生天际"，可见是天际的什么景物触动了他的愁怀。从下一句"草色烟光"来看，是春草。芳草萋萋，刬尽还生，很容易使人联想到愁恨的连绵无尽。柳永借用春草，表示自己已经倦游思归，也表示自己怀念某人之情。那天际的春草，所牵动的词人的"春愁"究竟是哪一种呢？词人却到此为止，不再多说了。"草色烟光残照里，无言谁会凭阑意"写主人公的孤单凄凉之感。前一句用景物描写点明时间，可以看出，他久久地站立在楼头眺望，时已黄昏还不忍离去。"草色烟光"写春天景色极为生动逼真。春草，铺地如茵，登高下望，在夕阳的余晖下，闪烁着一层迷蒙的如烟似雾的光色。一种极为凄美的景色，再加上"残照"二字，便又多了一层感伤的色彩，为下一句抒情定下基调。"无言谁会凭阑意"，因为没有人理解他登高远望的心情，所以他默默无言。有"春愁"又无可诉说，这虽然不是"春愁"本身的内容，却加重了"春愁"的愁苦滋味。作者并没有说出他的"春愁"是什么，却又掉转笔墨，埋怨起别人不理解他的心情来了。

作者把笔宕开，写他如何苦中求乐。"愁"，自然是痛苦的，那还是把它忘却，自寻开心吧！"拟把疏狂图一醉"，写他的打算。他已经深深体会到了"春愁"的深沉，单靠自身的力量是难以排遣的，所以他要借酒消愁。词人说得很清楚，目的是"图一醉"。为了追求"一醉"，他"疏狂"，不拘形迹，只要醉了就行。不仅要痛饮，还要"对酒当歌"，借放声高歌来抒发他的愁怀。但结果却是"强乐还无味"，他并没有抑制住"春愁"。故作欢乐而"无味"，更说明"春愁"的缠绵执着。他的满怀愁绪之所以挥之不去，正是因为他不仅不想摆脱这"春愁"的纠缠，甚至心甘情愿为"春愁"所折磨，即使渐渐形容憔悴、瘦骨伶仃，也决不后悔。"为伊消得人憔悴"才一语破的：词人的所谓"春愁"，不外是"相思"二字。

这首词妙在紧扣"春愁"即"相思"，却又迟迟不肯说破，只是从字里行间向读者透露出一些信息，眼看要写到了，却又煞住，掉转笔锋，如此影影绰绰，扑朔迷离，千回百折，直到最后一句，才使真相大白。词在相思之情达到高潮的时候，戛然而止，激情回荡，感染力更强了。

功过千秋巨眼观

　　在中国古代浩如烟海的古文献中，有一种历史人物评论的文体，尤其在唐宋以后，更为发展。历代史书上都有人物论，有的甚至形成浩瀚的人物论专著，比如明人李贽的《藏书》。总之，这种文章已经形成一种特殊的体裁，借以抒发作者自家的感慨。为了篇幅的简短，此处准备就《古文观止》上的专章人物论作以简略介绍。

苏洵的《管仲论》

管仲是春秋时代的重要人物。齐桓公是春秋五霸之首，他"九合诸侯，一匡天下，管仲之谋也"。（《史记·管晏列传》）但是，苏洵写的不是管仲建功立业的一段，而是他的晚年的一段。管仲病危，齐桓公问他："群臣谁可相者？"管仲不正面回答，只说："知臣莫若君。"搪塞了事。而后来齐桓公分别问易牙、开方、竖刁三人如何？管仲说："易牙杀死自己的儿子取悦国君，不合人情，不能做相。……开方背弃亲人讨好国君，不合人情，不可接近。……竖刁（《史记》作刀）残毁了身体讨好国君，不合人情，也不可接近。"齐桓公没听他的话，重用了这3个人，齐国一败涂地。齐桓公死时，5个儿子争夺宝座互相攻打，没有人为齐桓公收尸敛棺。齐国从此一蹶不振。苏洵以为，这件事管仲是有责任的。如果管仲死前不只是笼统地说易牙等3人不行，而是切实举荐一个能人顶掉这3个人，那么，齐国的混乱局面可以避免。苏洵说："齐之治也，吾不曰管仲，而曰鲍叔；及其乱也，吾不曰竖刁、易牙、开方，而曰管仲。"齐国的强盛不是由于管仲，而是由于鲍叔牙（推荐了管仲）；齐国的混乱，不是由于易牙3人，而是由于管仲（没有制止住他们）。这一见解是相当深刻的。苏洵说："有舜而后知放四凶，有仲尼而后知去少正卯。"那么，易牙3人没有根除，不是管仲的过错吗？文章结尾，苏洵列举汉初事例，说"萧何且死，举曹参以自代"。社稷安然无恙，与管仲正成鲜明的对照。

苏轼的《范增论》

范增是项羽军中差不多唯一一位有智谋、有韬略的谋臣。汉高祖用了陈平的计策，离间楚国君臣的关系。项羽派人到汉军打听虚实，汉王准备了太牢的馔具，盛情款待，等见到楚军使者，故作惊讶地说："我还以为是亚父（范增）的使者，原来是项王的使者。"于是命人把太牢撤去，另备粗劣食物招待。楚使回去告诉项羽。项羽信以为真，于是疏远了范增，可怜足智多谋的范增，竟不知内中底里。原来不过是陈平略施小计，项羽上了当，范增遭了殃。后来，范增一怒之下，离开楚军，走到彭城，"疽发背死"。苏轼以为范增走得很对，因为项羽已怀疑他。如果不走，势必被杀掉。但是，苏轼以为范增离开项羽不是时候。那么，如果在鸿门宴上范增劝项羽杀掉刘邦而不成，此时离去合适吗？苏轼以为也不合适。那么，究竟什么时候合适呢？苏轼以为范增应该在项羽杀掉卿子冠军宋义时离开楚军。因为杀死卿子冠军是杀死楚国义帝的先兆，而从民间把楚怀王的孙子熊心接来拥立为义帝这件事是范增的主意。那么，项羽杀掉义帝，就已经怀疑范增了，哪里还用陈平来挑拨离间呢？苏轼以为义帝能选拔卿子冠军统帅军队，能派遣沛公入关中而不是项羽，这都说明义帝是一个贤明的君主。所以，如果在项羽杀了卿子冠军的时候，或者在项羽杀掉义帝的时候，范增能杀掉项羽就杀掉他；如果不能杀掉他就离开他，这时才是最好的时机。

苏轼的《留侯论》

留侯是汉代开国功臣张良受封的爵号。苏轼的《留侯论》主要评论留侯刺杀秦始皇与圯桥纳履的故事，说明匹夫之勇与治国平天下的大勇的根本区别，对于青年人从血气方刚而走向成熟老练颇有指导意义。

苏轼详细分析了张良圯桥纳履的故事（见本书《镂金琢玉錾花蕾》一章）。人们读了这个故事往往觉得很奇怪，其实，怎能知道这位老翁不是秦时隐居的君子呢？秦朝强大的时候，用刀锯鼎镬来对付天下的贤士，平白无故被杀掉的知识分子不计其数。施行严刑苛法过于急切的人，他的锋芒是不能去触犯的，而形势也尚未有可乘之机。张良刺杀秦始皇九死一生逃了出来（我们也可以想象，老翁要培养他，未必不了解他的详情，所以可想而知，张良的行刺他肯定是知道的），那么，像张良这样的出类拔萃的人物，不效法伊尹、太公那样研究大的谋略，而只想采取荆轲、聂政的行刺的小计，这是圯上老人深深为他惋惜的事情。所以，老人故意在他面前显示出高傲无礼的姿态，考验他的忍耐力。他若能忍受，则有可作为；他若不能忍受，则仍是只具备匹夫之勇而已。经过试验，认为"孺子可教也"，方才收容了他为弟子。这种能够忍受一般人不能忍受的事情的品格，苏轼在文章开头称之为"卒然临之而不惊，无故加之而不怒"，是因为这种人心中"所挟持者甚大，而其志甚远"的缘故，是一种"天下之大勇"。

　　那么，后来刘邦与项羽争天下，刘邦能忍而项羽不能忍，这是天下定局的一个重要原因。有一个小故事足以说明，刘邦的这种隐忍性格多是在张良的启发与诱导下才能形成的。汉高帝四年（前203年），韩信巡视齐地，派使者要求汉高祖立他为假齐王（即代理齐王）。此时刘邦正被围困在荥阳，大怒。张良与陈平在旁边踩刘邦的脚，劝刘邦答应他，以恐生变。刘邦机灵得很，当时明白过来，骂道："大丈夫既定诸侯，当就当个真齐王，何必当个代理齐王呢？"当即派张良前往，立韩信为齐王，并征其兵解荥阳之围。这种事情还很多，都是张良给刘邦设计解围，否则，刘邦难以定天下。文章结尾，苏轼引司马迁的话说："太史公疑子房（张良）以为魁梧奇伟，而其状貌乃如妇人女子，不称其义气。呜呼，此其所以为子房欤！"原来张良长得一副女人的相貌。这正是张良之所以为张良的缘故吧！说的正是这种柔中有刚的性格。

苏轼的《贾谊论》

贾谊是汉文帝的重要谋臣，才华横溢。18 岁则诸子百家无所不通。吴廷尉做河南郡守时，将贾谊召至门下，很喜欢他。汉文帝听说"河南守吴公治平为天下第一"，此人与李斯同县，于是召吴廷尉入宫。吴廷尉于是便推荐贾谊，文帝征召贾谊为博士，后迁太中大夫。贾谊呈递了大量政论文章，见地超人；提出一系列改革方案，颇有道理。但是，绛侯周勃、灌婴等都嫉妒他，说他有野心。汉文帝于是疏远他，派他做了长沙王的太傅。后来文帝又召见他一次，但没有起用他，迁为梁怀王太傅。贾谊已看出诸王势力的强大将成祸患，几次上书，文帝不听。后来怀王骑马摔死，贾谊日夜哭泣而死，时年 33 岁。

苏轼以为，一个人有才能并不难，难的是怎样使自己的才能发挥出来。而君子要想成就大业，必须要忍耐。古今许多贤人，才能施展不出万分之一，不全是君主的过错，也是由于他们自己造成的。如果贾谊的才能全部施展出来，那么夏商周三代的功业也不见得高出他多少。如果一个贤人像孔子与孟子那样，想尽种种办法仍不被重用，也就没有什么遗憾的了。周勃曾捧着玉玺交给汉文帝，灌婴联合数十万大军决定了刘、吕（后）两家的胜负，这种君臣的密切关系强似父子兄弟。贾谊不过一个洛阳的年轻人，想让文帝一个早上就废除旧政改用新政，谈何容易。如果贾谊耐心地与周勃、灌婴建立友谊，争得文帝的信任，10 年以后，定能实现自己的抱负。哪里有短暂的交谈后，就急于对人"痛哭"的道理呢？谋略一次不被采纳，怎知永远不被采纳呢？不知道默默等待形势的变化，却一味地自我摧残！贾谊真是个志向远大而气量狭小，才能有余而见识不足的人啊！

苏轼的《晁错论》

关于晁错，本书《齐家治国在修身》一章略作介绍。晁错是汉文帝、汉景帝的一个重要谋臣，他主张削弱山东七国的势力。后来以吴王刘濞为首，发动了七国叛乱，要挟汉景帝杀死晁错。景帝在东市斩杀了他。此前10天，晁错的父亲从颍川来到长安，问他为什么离间人家（皇上家）的骨肉，闹得众人议论纷纷？他说为了宗庙的安稳。他父亲说："如此下去，刘氏家族安稳了，晁氏家族可就危险了。"说罢自杀。其实，七国叛军说杀死晁错，"以清君侧"不过是借口。晁错的看法是非常正确的。为了安抚刘家的江山，竟被刘家赐死，这是一桩极大的千古冤案。

　　苏轼对这个问题有独特的看法。他说晁错是咎由自取。当七国起兵叛乱之际，晁错没有挺身而出，亲自组织军队率师出征，却反过来想让天子亲自出征而自己留守。这时，即使没有袁盎说他的坏话，他也难免遭杀身之祸。正好七国叛军提出要挟，汉景帝只好杀了他以缓和当时的形势。如果晁错挺身而出，未必就敌不过叛军，重要的是皇上会依靠他，形势就不会这样恶化了。文章中苏轼提出了一个极重要的道理：一个要干大事的人，定要做到，既然我能发动起来，我一定要能够收拾局面。这样才能在天下人面前有话可说。否则，祸患难免要集中到自己的身上。

王安石的《读孟尝君传》

　　王安石此文很短，只评论孟尝君一个方面的品质。全文录之于下：
　　世皆称孟尝君能得士，士以故归之。而卒赖其力，以脱于虎豹之秦。嗟呼！孟尝君特鸡鸣狗盗之雄耳，岂足以言得士？不然，擅齐之强，得一士焉，宜可以南面而制秦，尚何取鸡鸣狗盗之力哉？夫鸡鸣狗盗出其门，此士之所以不至也。

　　[译文]　　世人都称赞孟尝君善于收揽士人，士人因此都投奔到他的门下。而且孟尝君终于依靠他们的力量，才能摆脱了虎豹一样的凶恶的秦国。咳！孟尝君只不过是鸡鸣狗盗之徒的首领罢了，怎么能称得上善于得士呢？如果不是这样，凭借齐国的强大，得到一个真正的

谋士，就应该南面称王，控制秦国，那么，还用得着鸡鸣狗盗之徒的力量吗？鸡鸣狗盗之徒出入他的门下，这才是真正的谋士不到他那里去的原因呢！

　　孟尝君名田文，是齐国的公子，与信陵君魏无忌、平原君赵胜、春申君黄歇被称为"四君子"，名冠天下，声传千载。这4位君子各个都养了几千名门客，横行天下。这事已被传为千秋美谈，只有王安石提出了自己独到的见解。

　　孟尝君入秦国，被扣留。他便向秦王宠姬求救。这位宠姬提出条件：要孟尝君的白狐裘。孟尝君有一件白狐裘，价值千金，不过不久前献给了秦昭王。这时，门客中有一个专能"狗盗"的人，夜里偷出白狐裘，送给那位宠姬。宠姬向秦王说情，放了孟尝君。孟尝君的人马来到函谷关，依照关法，鸡鸣时候才能放人出关。而此时，秦昭王后悔，又派人来追赶。百般无奈之际，门客中有专门会学鸡叫的人，学了几声鸡叫，其他所有的鸡也都叫起来，关门开启，孟尝君等人逃了出去。这就是著名的"鸡鸣狗盗"的故事。王安石的文章提出反面见解，孟尝君不过是一类鸡鸣狗盗之徒的头领罢了。如果孟尝君真的善于得士，比如得到一个商鞅那样的真正的"士"，以齐国的强大，推行变法，完全可以控制秦国，称霸天下。正因为孟尝君门下多是鸡鸣狗盗之徒，所以真正的人才就不到他这里来了。比如商鞅、范雎、李斯等人，都西行入秦国了。王安石的见解实在是独具慧眼的。提出这样高明的见地才不愧为王安石。因为王安石是一个改革家，才具有这样独特的眼光。看来，要写出好文章，作者必须是一个不同寻常的人。